Günther Zä

111 Orte in der Wiener Unterwelt, die man gesehen haben muss

Mit Fotografien von Manfred Burger

emons:

Für unseren Freund
ROBERT GEHER
1963 – 1994

Bibliografische Information der Deutschen Nationalbibliothek
Die Deutsche Nationalbibliothek verzeichnet diese Publikation in der Deutschen Nationalbibliografie; detaillierte bibliografische Daten sind im Internet über http://dnb.d-nb.de abrufbar.

MIX
Papier | Fördert gute Waldnutzung
FSC® C083411

Gestaltung: Eva Kraskes, nach einem
Konzept von Lübbeke | Naumann | Thoben
Kartografie: altancicek.design, www.altancicek.de
Kartenbasisinformationen aus Openstreetmap,
© OpenStreetMap-Mitwirkende, ODbL
Druck und Bindung: CPI – Clausen & Bosse, Leck
Printed in Germany 2022
ISBN 978-3-7408-1438-0

Vorwort

Es stimmt, Wien zählt zu den sichersten Städten der Welt. Jedes Jahr nimmt die nahezu auf zwei Millionen Menschen angewachsene Metropole im internationalen Ranking einen der vordersten Plätze ein. No-Go-Areas, die selbst die Polizei meidet, sind in der Walzerhauptstadt unbekannt. Dennoch existiert seit jeher eine Unterwelt. Verborgen vor den Augen des *franken* (unbescholtenen) Bürgers, unsichtbar für Touristen, die auf den Spuren der wechselvollen Geschichte in dieser Stadt wandeln.

Schlagartig änderte sich die Wiener Unterwelt mit dem Niedergang des Kommunismus in den 1990er Jahren. Plötzlich standen die einheimischen *Strizzis* und *Pülcher* (Ganoven) quasi über Nacht in der zweiten Reihe. Gangster aus dem ehemaligen Ostblock übernahmen die Geschäfte in Überrumpelungsaktionen. Bis die Wiener Kriminellen kapierten, waren sie bereits degradiert. Auch die *Kiberer* (Kriminalbeamten) brauchten Zeit, um zu verstehen, dass sich eine neue, beängstigende Qualität des Verbrechens und der Organisierten Kriminalität ausbreitete.

Davor war es relativ *pomali* (gemütlich), wie es unserer Mentalität entspricht. Man arrangierte sich mit den *Kiberern*, ließ den einen oder anderen über die Klinge springen, gab einen *Zund* (Tipp), um von gewissen Aktivitäten abzulenken oder für deren stillschweigende Duldung zu sorgen.

Die alte Wiener Unterwelt existiert nicht mehr. Viele der ehemaligen Bosse sind tot oder ausgestiegen. Dadurch ist *Rotwelsch*, die Wiener Gaunersprache, nahezu ausgestorben. Floskeln und Wortschöpfungen aus dem Türkischen, Arabischen und aus Sprachen des ehemaligen Ostblocks flossen in den Wiener Dialekt ein.

Dieses Buch ist eine Zeitreise in die Vergangenheit und ebenso in die Gegenwart. 111 Orte, die mitunter Kriminalgeschichte schrieben. An denen man achtlos vorübergeht, ohne zu ahnen, was sich hier tatsächlich abgespielt hat. Wo Blut geflossen ist und sich wahre Tragödien ereigneten.

111 Orte

SINO WIEN

1 Club 45

Ein Schiff säuft ab

Seit 1888 besteht die k. u. k. Hofzuckerbäckerei Demel. 1976/77 brachte der gebürtige Rostocker Rudolf »Udo« Proksch dieses Café schwer in Verruf. Udo, ehemaliger Schweinehirt, Designer und Hofnarr der Society, verfügte über beste Verbindungen, auch zum KGB und zur Stasi. Der Waffennarr spazierte stets bewaffnet in Camouflage-Kleidung durch die Innenstadt, ballerte gern herum. Ein Projektil steckt bis heute im Plafond der Loos American Bar. Im Hotel Sacher schoss er einen Kronleuchter von der Decke.

Nach dem Kauf des »Demel« folgte die Gründung des »Club 45« in den oberen Räumen des Cafés, für Normalsterbliche nicht zugänglich. Hier verkehrte die Politprominenz. Abgeschottet wurde gemauschelt. Geschützt durch die damalige SPÖ-Regierung. Im Club 45 wurde ein gewaltiger Versicherungsbetrug vorbereitet. In Hans-Peter Daimler fand Udo einen Partner. Man kaufte ein stillgelegtes Kohlebergwerk in Niederösterreich. Die Förderanlagen wurden abgebaut, neu gestrichen, fertig war die »Uranerzaufbereitungsanlage«. Die Versicherungssumme für den Schrott betrug 212 Millionen Schilling. Niemand in der Versicherung machte sich Gedanken. Schließlich steckte Udo dahinter, Liebling der Politiker.

Die wertlose Fracht wurde in Chioggia auf der gecharterten »Lucona« verladen und Sprengstoff. Nahe den Malediven flog das Schiff im Indischen Ozean in die Luft. Sechs Besatzungsmitglieder starben. Längst witterten zwei Journalisten Betrug. Insgesamt 16 Personen, darunter hochrangige Politiker, gerieten in die Bredouille. Udo und Daimler saßen kurz in U-Haft. Udo flüchtete nach Manila, ließ sein Gesicht operieren. 1989 kehrte er nach Wien zurück und wurde verhaftet. In einem aufwendigen Prozess erhielt Udo 1992 lebenslang wegen Sechsfach-Mordes und Versicherungsbetrugs. Daimler fasste in Kiel 14 Jahre aus.

Udo starb 2001 in der JVA Stein an der Donau in Niederösterreich.

Adresse Demel, 1. Bezirk, Kohlmarkt 14 | ÖPNV U 1, Station Stephansplatz, Fußgängerzone Graben und Kohlmarkt; oder U 3, Station Herrengasse, Begegnungszone Herrengasse, Michaelerplatz, Kohlmarkt | Öffnungszeiten täglich 10 – 19 Uhr

2 Gefährliche Fahrgäste

Carlos ante portas!

21. Dezember 1975. Die Straßenbahn der Linie D hielt in der Station Schottentor. Sechs Personen mit Sporttaschen stiegen aus. Die Gruppe näherte sich einem Bürogebäude gegenüber der Universität am heutigen Universitätsring 10. Hier tagte die OPEC. Die Gruppe fragte wartende Journalisten, ob die Konferenz noch im Gange sei. Die Antwort lautete Ja. Unbehelligt traten die sechs ein, rissen Waffen aus ihren Taschen. Angeführt vom venezolanischen Auftragskiller und Top-Terroristen Illich Ramirez Sanchez alias »Carlos« oder »Schakal«. Geiselnahme der OPEC-Minister und Ermordung des Saudis Ahmed Zaki Yahmani, des einflussreichsten Ministers. Carlos und seine Leute vertraten den »Arm der arabischen Revolution«. Mit dabei die deutschen Terroristen Gabriele Kröcher-Tiedemann und Hans-Joachim Klein.

Die Deutsche erschoss den Kriminalbeamten Anton Tichler und tötete einen irakischen OPEC-Mann. Carlos liquidierte einen libyschen Delegierten. 62 Menschen waren in der Gewalt der Terroristen. Die Polizei war völlig überfordert. Trotzdem drangen drei ältere Polizisten ein. Ein Polizist wurde getroffen. Klein erlitt einen Bauchschuss durch einen Querschläger. Bundeskanzler Kreisky brach seinen Urlaub ab, leitete den Krisenstab. Die beiden Verletzten wurden in Krankenhäuser gebracht. Carlos verlangte freies Geleit und eine AUA-Maschine. Der Killer bestand darauf, dass Klein mitflog. Am Flughafen Schwechat verabschiedete Innenminister Rösch Carlos mit Handschlag, was für Kritik sorgte.

In Algier ließ Carlos einige Geiseln frei, und Klein kam in ein Krankenhaus. Weiter nach Tripolis, wo die letzten Geiseln freikamen. Carlos sitzt seit 1994 lebenslang in Frankreich. Klein lebt nach Verbüßung seiner Haft mit neuer Identität in Frankreich. Kröcher-Tiedemann wurde an der Schweizer Grenze gefasst, jedoch aus Beweismangel von der Mordanklage freigesprochen. Sie starb 1995.

Adresse ehemaliges OPEC-Gebäude, 1. Bezirk, Universitätsring 10 (ehemals Dr.-Karl-Lueger Ring) | **ÖPNV** Straßenbahn D, 1, 71, Station Schottentor

3 Voller Geheimnisse

Was im Puff passierte, blieb im Puff

Für den betuchten Gast war sie »Madame Nina«. Nicht die *Koberin* (Puffmutter) wie in schäbigen Etablissements für käufliche Liebe. Wer »Nina's Bar« betrat, konnte sicher sein, dass er bestens verwöhnt wurde. Allerdings hatte das seinen Preis. Die gebürtige Kroatin Nina Janousek legte größten Wert darauf, dass ihre Mädchen hervorragend ausgebildet und mehrsprachig waren. Dementsprechend vergnügten sich handverlesene Freier in diesem Nobelbordell. Personen aus der Politik, Wirtschaftsmagnaten, Staranwälte und Persönlichkeiten des öffentlichen Lebens. So hält sich das Gerücht, dass eine ehemalige Spitzenpolitikerin sich in ihren Anfängen in »Nina's Bar« die Butter aufs Brot dazuverdiente. Auch international war der Luxustempel bekannt. Als Hollywood-Schauspieler Charlie Sheen nach einem Drehtag in der Bar entspannte, vergaß er seine Unterhose. Falco kam gern, ging eine Beziehung mit einem der Mädchen ein. »Süwerl« (Sylvia) war eine Zeit lang stets an seiner Seite.

Madame Nina begann mit einem Kosmetiksalon, bis sie den Schritt ins Rotlichtmilieu wagte. Die Unterwelt ließ sie in Ruhe. Sie war optisch eine unvergessliche Erscheinung. Stets grell geschminkt, von enormer Körperfülle und funkelnd wie die Auslage eines Juwelierladens. Sie wusste über die sexuellen Vorlieben ihrer Gäste Bescheid, kannte den Frauentyp, auf den die Freier abfuhren. An Auswahl mangelte es nie. 2016 der tiefe Einschnitt in ihrem Leben. Nach einem jahrelangen zermürbenden Rechtsstreit mit dem Hausbesitzer musste sie nach 30 Jahren ihre Bar für immer schließen. Zusätzlich von schwerer Krankheit gezeichnet, nahm ihr dieser Verlust wohl den Lebenswillen. 2019 verstarb Madame Nina mit 70 Jahren. Ihre Geheimnisse nahm sie mit ins Grab. In ihren Memoiren verlor sie darüber kein Sterbenswörtchen. Nur Insider, die zwischen den Zeilen lasen, verstanden gewisse Anspielungen und schwiegen.

Adresse 1. Bezirk, Bauernmarkt 21 | **ÖPNV** U 1, Station Stephansplatz, Rotenturmstraße | **Öffnungszeiten** Gebäude inzwischen abgerissen

4 Lasst die Puppen tanzen!

Gucken, aber nicht anfassen!

Voraussetzung: einen Packen Scheine in der Tasche. Sonst besser draußen bleiben. Dafür wird dem Mann einiges geboten im »Babylon« und im »Beverly Hills Gent Club Vienna«. Atemberaubend schöne Topless-Mädchen bringen das Testosteron mit Poledance zum Sieden. Wer die nötige Kohle springen lässt, kann sich auch eine der Schönheiten zum Tabledance ins Separee holen. Nur gucken, nicht mit den Händen sprechen! Anfassen ist nicht erlaubt. Wer es trotzdem riskiert, muss mit einigen Problemen rechnen. Die *Bugln* (Aufpasser, Security) sind humorbefreit. Doch ist tatsächlich nicht mehr möglich? Mit Geld lässt sich vieles regeln. Die Mädchen stammen größtenteils aus dem ehemaligen Ostblock. Warum wohl? Dafür gibt es ausreichend gedanklichen Spielraum. In den Anfangsjahren beider Nachtclubs mischte auch ein ehemaliger österreichischer Berufssoldat und Extremsportler kräftig im Management mit.

Für die Polizei sind die Clubs tabu. Darin verkehren zu wichtige Persönlichkeiten, die bei einer Razzia massive Probleme bereiten könnten. Es ist gleichsam *halbseidenes* Terrain, wo sich nach außen hin honorige, öffentlich bekannte Personen mit dubiosen Figuren aus der Halbwelt und gewichtigen Typen eines einflussreichen und gefährlichen Schattenuniversums mischen. Warum die Riesenscheiben des »Babylon« verspiegelt sind, wird wohl seine Gründe haben. Für einige Herrschaften wäre es ein gewaltiger Skandal, sollte von den Besuchen etwas an die Öffentlichkeit durchsickern. Möglicherweise gäbe es politische Rücktritte und andere Schwierigkeiten. Dagegen sind die privaten *Zores* (Probleme) ein *Lercherlschas* (Kleinigkeit).

Nicht alle Besucher sind nett. Ob ein bestimmter Staranwalt noch immer im »Babylon« verkehrt, darüber schweigt die Chronik. Jedenfalls hatten/haben die Mädchen Angst vor seiner Abartigkeit. Die erste Hürde, um reinzukommen, sind jedenfalls die Türsteher.

Adresse Babylon:1. Bezirk, Seilerstätte 1; Beverly Hills Gent Club Vienna: 1. Bezirk, Seilerstätte 5 | **ÖPNV** Straßenbahn 2, Station Weihburggasse, Fußgängerzone Richtung Kärntner Straße bis Seilerstätte

5 Geh zum Stern

Früh auf den Beinen

Erste Adresse für schwere Jungs war die Anwaltskanzlei von Dr. Michael Stern. Nach dem Zweiten Weltkrieg stieg er zum führenden österreichischen Strafverteidiger auf. Für viele, die in U-Haft im *Häfen* (Gefängnis) saßen, war Stern die letzte Hoffnung. Brillante Plädoyers verwandelten Mord in Totschlag, und der *Frack* (lebenslange Haft) blieb erspart.

Geboren 1897, begann für den jüdischen Anwalt seine Karriere in Wiener Neustadt in Niederösterreich. Unter den Nazis wurde Stern aus der Anwaltskammer ausgeschlossen, blieb jedoch als einer von 30 jüdischen Advokaten als »Rechtskonsulent« für Nichtarier tätig. So konnte seine Familie überleben, während die übrigen Verwandten in KZs ermordet wurden. Nach dem Krieg, bereits 1945, eröffnete Stern seine berühmte Kanzlei in Wien. Sein unbändiger Arbeitseifer war legendär. Ab 4 Uhr morgens bis 18.30 Uhr ackerte er sich durch die Akten, vertrat vor Gericht seine Mandanten. Kein freies Wochenende, kein Urlaub über Jahrzehnte. Die ersten Termine mit seiner kriminellen Klientel begannen um 4.30 Uhr. Für Journalisten hatte Stern immer ein offenes Ohr. Es gab Einladungen um 7 Uhr zum Frühstück mit Kaffee, Butterbrot und einem weichen Ei.

Stern schuf den »Ifflandring für Strafverteidiger«. Das Vorbild: die Auszeichnung für Schauspieler. Den Ring erhielt, testamentarisch verfügt, der beste Anwalt im Land. Stern vermachte ihn 1989 Wilhelm Philipp, und der gab diese Auszeichnung 1999 an Herbert Eichenseder weiter.

Pension war für Stern ein Fremdwort. Er arbeitete unermüdlich bis ins hohe Alter. Sein Sohn sollte in Vaters Fußstapfen treten, doch er erwies sich als glücklos. Auf Journalistenfragen, warum Stern noch mit 90 nicht an Ruhestand denke, lautete die Antwort: »Ich muss so lange arbeiten, bis der Bub in Pension geht.« Michael Stern starb 1989 92-jährig in Wien. Mit seinem Tod war das Ende dieser legendären Kanzlei besiegelt.

Adresse ehemalige Kanzlei Stern (kaiserliches Zeughaus), 1. Bezirk, Seilerstätte 22 | ÖPNV Straßenbahn 2, Station Weihburggasse, Fußgängerzone Richtung Kärntner Straße bis Seilerstätte

6 Tödliches Duo

Keine Gnade

11. Juli 1996. Ein Pärchen verließ am frühen Abend das Casino in der belebten Kärntner Straße. Der georgische Mafiapate David »Dato« Sanikidze wollte mit seiner großen Liebe Olga Prudenskaja einen intimen Abend in einer Absteigewohnung in der wenige Meter entfernten Annagasse verbringen. Doch seine Flamme spielte ein falsches Spiel. Als sie ihre Sonnenbrille ins Haar schob, war das das Zeichen für das Mörderduo, das dem Boss bereits auflauerte. Von hinten verpasste einer der Killer Dato mit einer schallgedämpften Pistole einen Genickschuss und eine Kugel ins Gesäß als Zeichen der Verachtung. Datos Freundin wurde ein Streifschuss verpasst. Der zweite Mann sicherte. In einer Tüte war eine MP verborgen. Unerkannt flüchteten die Täter, warfen ihre Waffen in einen nahen Hauseingang.

Prudenskaja lag in der Gasse, neben ihr die Leiche. Sie verlangte nach einem Handy. Damals waren Mobiltelefone noch selten. Jemand gab ihr seines. Sie rief Wiktor O. an. Der Gesprächsinhalt blieb unbekannt. O. betrieb im Hotel Marriott ein Ikonen-Geschäft. Die Leiche wurde nach Tiflis ausgeflogen, begleitet von O. und Prudenskaja. O. kehrte nach Wien zurück, die Frau nie mehr.

Einem ungarischen Kriminalbeamten fielen in einem Budapester Hotel drei verwahrloste Burschen auf, die mit Geld um sich warfen. Kurzerhand ließ er das Trio festnehmen. Finger- und Handabdrücke waren ident mit jenen auf der Tüte, in der die MP gesteckt hatte. Die drei wurden nach Wien überstellt. Im Prozess erhielten zwei von ihnen je 20, der Dritte 15 Jahre. Das Motiv für den Mord ist bis heute ungeklärt. Sanikidze soll einen verfeindeten Mafiaclan um 200 Millionen Schilling betrogen haben. Auch ein Rachemord kam in Frage. Der Vater des Mörders soll von einem Schlägertrupp des Paten in Tiflis totgeprügelt worden sein. Da das Trio gelobte, nach Georgien zurückzukehren, kam es 2016 frei. Von da an verlor sich seine Spur.

Adresse Casino: 1. Bezirk, Kärntner Straße 41; Tatort: Annagasse | **ÖPNV** U 1, Station Karlsplatz, Fußgängerzone Kärntner Straße Richtung Stephansplatz | **Öffnungszeiten** täglich 9–24 Uhr

7 Schnitzel mit Kugeln

Tödliche Beilage

Am 22. Dezember 2018 am frühen Nachmittag im Durchgang zwischen Wollzeile und Bäckerstraße, einen Steinwurf vom Stephansdom entfernt. Zwei Männer speisten im international bekannten und stets stark frequentierten »Figlmüller«. In diesem Traditionslokal gibt es die besten und größten original Wiener Schnitzel. Aus Kalbfleisch und mit Erdäpfel-Vogerlsalat. Nach dem Essen verließen die Männer das Lokal. Plötzlich knallten Schüsse im erwähnten Durchgang. Lokalgäste und Passanten zuckten zusammen. Einer der Männer brach tot zusammen, der andere blieb schwer verletzt liegen. Der Todesschütze konnte unerkannt flüchten.

Die montenegrinische Mafia trug an diesem Tag eine jahrelang schwelende Fehde in Wien aus. Die verfeindeten Clans der Kavačkis und Škaljarskis stammen aus der Hafenstadt Kotor in Montenegro, einem Umschlagplatz für Kokain von den südamerikanischen Kartellen. Der Anlass für den Unterweltkrieg war das Verschwinden von 250 Kilogramm Koks im spanischen Valencia. Die Clans beschuldigten sich gegenseitig, den Schnee abgezweigt zu haben. Seit 2013 wurden wegen dieser Fehde in Kotor 30 bis 40 Personen ermordet. Serbien zählte rund 143 Liquidierungen in dieser Region. Das 31-jährige Opfer in Wien war ein mutmaßlicher Drogenhändler und eine große Nummer im Kavački-Clan. Sein schwer verletzter 23-jähriger Begleiter setzte sich nach dem Krankenhausaufenthalt nach Serbien ab, wo er inhaftiert wurde. Ein dritter Unbekannter, der mit beiden Opfern in Wien unterwegs und bei der Schießerei anwesend war, blieb unauffindbar.

Über die Medien teilte das Restaurant Figlmüller umgehend mit, dass zu keinem Zeitpunkt weder Gäste noch Personal durch diesen gefährlichen Zwischenfall gefährdet waren.

Leider kann man an den Gästen nicht erkennen, ob sich ein Verbrecher ein Schnitzel gönnt. Schwerkriminelle dieses Kalibers zeigen keinerlei Skrupel.

Adresse Figlmüller, 1. Bezirk, Wollzeile 5 | **ÖPNV** U 1, Station Stephansplatz | **Öffnungszeiten** täglich 11–22.30 Uhr

8 Das Phantom der Oper

Hass auf Frauen

Entdeckt wurde die mit Messerstichen übersäte Leiche der 11-jährigen Ballett-Elevin Dagmar Fuhrich am 12. März 1963 von einer Friseuse in einem Duschraum im Bühnentrakt der Staatsoper. Der Theaterarzt wurde gerufen, es war zu spät. Sexueller Missbrauch konnte nicht festgestellt werden. Operndirektor Herbert von Karajan weilte im Ausland. Man fürchtete um das Image des Hauses. Ernsthaft gab es Überlegungen zuzuwarten, um die weitere Vorgangsweise zu überlegen. Leider war ein Kriminalbeamter des Sicherheitsbüros anwesend. Daher war vorübergehendes Vertuschen unmöglich. Dennoch traf die Polizei erst nach einer Stunde ein. Genügend Vorsprung für den Mörder.

Eine Kollegin Dagmars konnte eine vage Personenbeschreibung von einem Mann geben, der sich im Bühnentrakt herumgetrieben hatte. Nachdem der Mord publik geworden war, war die Aufregung in der Stadt gewaltig. Hunderte einschlägig Vorbestrafte wurden überprüft. Doch keine Spur vom Täter. Dagmars Begräbnis auf dem Grinzinger Friedhof wurde zum Massenauflauf. Tausende erwiesen dem Mädchen die letzte Ehre. Auch Herbert von Karajan schritt hinter dem kleinen Sarg.

Monate später der nächste Angriff auf eine Frau in einem Innenstadt-Kino. Wieder mit einem Messer. Abermals ein unbekannter Täter. Das Opfer wurde schwer verletzt. Sechs Wochen später, am 30. Juli 1963, ein Messerattentat auf eine amerikanische Studentin in der Augustinerkirche. Auch sie überlebte trotz schwerer Stichverletzungen. Noch zwei weitere Messerangriffe in kurzen Abständen folgten, es gab jedoch keine Todesopfer. Der letzte Überfall in einem Wohnhaus in der Tuchlauben 3 wurde Josef Weinwurm zum Verhängnis. Einem psychisch kranken Kleinkriminellen aus einem Nest in Niederösterreich, der Frauen abgrundtief hasste. Der Prozess am 10. April 1964 wurde zur Sensation. Das Urteil lautete lebenslang. Josef Weinwurm starb 2004 in der JVA Stein an der Donau.

Adresse Staatsoper, 1. Bezirk, Opernring 2 | ÖPNV U 1, U 2, U 4, Station Karlsplatz; oder Straßenbahn D, 1, 2, 71, U 2Z, Station Opernring

9_Anni(e) Get Your Gun

Eine durchaus nützliche Scheidung

Heinz Karrer war eine berüchtigte *Galerie*-Größe (Unterweltgröße). Immer schnell mit dem Finger am Abzug. Natürlich blieb auch ihm der *Häfen* (Gefängnis) nicht erspart. 1965 und 1967 gelang ihm die Flucht aus dem (damaligen) Arbeitshaus Göllersdorf in Niederösterreich, und er tauchte wieder einmal unter.

1970 stand Karrer einmal mehr vor dem Richter. Er war bereits wegen Betrugs zu fünf Jahren Haft verurteilt. Doch am 18. Juni ging es um seine Ehescheidung. Weder bei der Polizei noch bei der Justiz läuteten die Alarmglocken. Anni war seine große Liebe, deretwegen er aus Göllersdorf *bäulesierte* (ausbrach, verschwand). Vom *Felsen* (JVA Stein an der Donau) wurde Karrer für die Verhandlung in den Justizpalast am Schmerlingplatz 10–11 nach Wien überstellt. Man wusste, dass er gefährlich war. Polizisten patrouillierten mit MPs. Nervosität im Gerichtssaal. Plötzlich zog Karrer die Scheidungsklage zurück. Dafür eine Pistole aus seinem Hosenbund – trotz seiner mit dem *Achter* (Handschellen) gefesselten Hände. Anni schloss ihm die Fesseln auf. Karrer legte seinen Bewachern die Achter an. Richter und Beisitzer band er mit den eigenen Krawatten an die Heizkörper. Danach flüchtete Karrer angeblich mit dem Auto seines Freundes Franz »der Alte« Altmann, eines Autohändlers und ebenfalls schweren Unterweltlers. Doch beweisen ließ es sich nicht.

Wie gelangte Karrer an die *Puffen* (Waffe)? Anni landete für zwei Monate in U-Haft und schwieg. Nach ihrer Entlassung verschwand sie spurlos. Die Waffe wurde vermutlich mit einem Fresspaket in die Zelle geschmuggelt. In einem Rollschinken versteckt, die Patronen in Bonbonpapier. Schlampige Kontrollen der Justizwache ermöglichten es. Karrer setzte sich nach Deutschland ab. Dort beging er mehrere schwere Straftaten. Als er 1971 in Düsseldorf in ein Kaufhaus einbrechen wollte, war die Polizei schneller und erschoss ihn.

Adresse Justizpalast, 1. Bezirk, Schmerlingplatz 10–11 | **ÖPNV** U 2, U 3, Station Volkstheater; Straßenbahn D, 1, 2, 71, Station Dr.-Karl-Renner-Ring; Straßenbahn 46, Station Schmerlingplatz; oder Straßenbahn 49, Station Volkstheater oder Dr.-Karl-Renner-Ring

10 Wer war der Mörder?

Tod nach dem Kinobesuch

Im Volksmund heißt es nur das »Russendenkmal«. Errichtet als Dank für die Befreiung 1945 von den Nazis durch die Sowjets.

Am Morgen des 15. April 1958 entdeckte ein Wachtposten bei den Arkaden eine nackte, halb verscharrte Frauenleiche. Es handelte sich um die 21-jährige Stenotypistin und Mannequinschülerin Ilona Faber. Am Vorabend hatte sie ein nahe gelegenes Kino besucht. Gegen 22 Uhr musste sie ihrem Mörder in die Arme gelaufen sein. Sie wurde misshandelt und vergewaltigt. Vom Tatort weg Richtung Naschmarkt fanden sich ihre Strümpfe, ein Handschuh und ein Ohrring. Ein *Sandler* (Obdachloser) trieb sich in der Nähe des Denkmals herum. Der polizeibekannte 30-jährige Johann Gassner wurde festgenommen. Sein Fußabdruck, Spermaspuren an seiner Unterhose und ein Gebissabdruck, der dem Biss in Ilonas Brust ähnelte, die Strümpfe und der Ohrring reichten für eine Anklage. Die Geschworenen kamen zu keinem eindeutigen Schuldspruch. Freispruch *in dubio pro reo*. War er tatsächlich der Mörder? Oder nur ein Mann, bei dem ein Schuh von Ilona gefunden wurde? Der Mord blieb ungeklärt.

Jahrzehnte später kam dieser Fall neuerlich zur Sprache. 2002 meldete sich die 63-jährige verwitwete Erika W. Sie erzählte, dass ihr bereits verstorbener damaliger Mann Eduard S. ihr noch in der besagten Nacht den Mord an Ilona gestanden hatte. Die Witwe hatte auf Anraten eines Arztes und eines Anwalts über die Tat geschwiegen. 1960 ließ sie sich scheiden. Der Fall wurde neu aufgerollt. Tatsächlich ergaben sich Widersprüche in den damaligen Ermittlungen. Doch niemand konnte mehr befragt werden. Sämtliche Beteiligte waren längst tot. Für die Wiener war der Tatort ein Magnet. Zu Tausenden strömten sie zum Russendenkmal. Die Gerüchtebörse brodelte. Schließlich war Ilona doch ein Mannequin gewesen und hatte sich entsprechend fotografieren lassen. Der Fall Ilona Faber wird wohl für immer ungeklärt bleiben.

Adresse Denkmal zu Ehren der Soldaten der Sowjetarmee und Hochstrahlbrunnen, 1. Bezirk, Schwarzenbergplatz | **ÖPNV** U 1, Station Karlsplatz, dann Straßenbahn 2, Station Schwarzenbergplatz; oder U 3 Station Stubentor, dann Straßenbahn 2, Station Schwarzenbergplatz

11 Geldnöte

Die RAF schlägt zu

Am 13. Dezember 1976, mitten in der Weihnachtszeit, herrschte reger Betrieb in der Bankfiliale gegenüber der Staatsoper am Beginn der Kärntner Straße. Knapp vor Geschäftsschluss trat ein junges Pärchen ein. Die Frau zog einen Revolver, hielt Angestellte und Kunden in Schach. Ihr Begleiter hechtete über den Tresen, stopfte insgesamt 3,5 Millionen Schilling in unterschiedlichen Währungen in eine Plastiktüte. Danach flüchteten die Bankräuber Hals über Kopf Richtung Ringstraße. Die Frau war der Boss, hatte das Geld an sich genommen. Und sie schoss auf der Flucht rücksichtslos. In der Hektik entglitt ihr der Geldsack, dazu ein Windstoß. Ein vorweihnachtlicher Geldregen flatterte vom Himmel. Für einige Schaulustige war es ein zusätzliches Weihnachtsgeld.

Die Bankräuberin verlor ihren Komplizen aus den Augen. Er konnte unerkannt flüchten. Sie zielte auf einen Taxifahrer, der sie kurzerhand mit dem Auto niederstieß. Beherzte Passanten und Augenzeugen stürzten sich auf die Frau. Sie bekam etliche Hiebe ab, bis sie verhaftet werden konnte. Es handelte sich um die RAF-Terroristin Waltraud Boock. Ihr Mann, Peter-Jürgen Boock, war in Deutschland an der Entführung von Arbeitgeberpräsident Hans-Martin Schleyer und an der Ermordung des Bankiers Jürgen Ponto beteiligt gewesen. Beim Wiener Banküberfall war Peter-Jürgen nicht dabei.

Die Polizei vermutete, dass Waltrauds Komplize entweder Christian Klar oder Johann Roman war. Beide gesuchte Top-Terroristen. Im Prozess am 4. Februar 1977 bezeichnete sich Waltraud Boock als »politische Gefangene« und plädierte auf unschuldig. Im August 1977 trat sie in den Hungerstreik und beendete ihn einen Monat später. Sie fasste zwölf Jahre und sechs Monate aus. Inzwischen begann Boock, sich vom Terrorismus abzuwenden.

Nach zehn Jahren und fünf Monaten wurde sie frühzeitig auf Bewährung entlassen und kehrte nach Deutschland zurück.

Danach endete ihre RAF-Karriere.

Adresse 1. Bezirk, Kärntner Ring 1 | ÖPNV Bus 2A, Straßenbahn D, 1, 2, 71, U2Z, U1, Station Oper/Karlsplatz

12 Freitod? Oder doch nicht?

Ein Banker scheidet aus dem Leben

Der Platz Am Hof blickt auf eine lange Geschichte zurück. Störend in dem Ensemble: ein hässliches Gebäude, in dem die OeKB (Österreichische Kontrollbank AG) logiert. Keine Bank für Sparer und Anleger. Vielmehr haftet die OeKB für Geschäfte und Kredite der Republik, die Unternehmen für Exporte und Transaktionen bei anderen Banken lukrieren. Platzt ein Deal oder handelt es sich um einen faulen Kredit, haftet der Staat. Der OeKB muss der Schaden ersetzt werden. Natürlich auf Kosten der Steuerzahler.

1997 standen zwei Direktoren der Bank vor. Einer von der ÖVP, einer von der SPÖ. Ein ehemaliger Minister brauchte einen Versorgungsposten. Einer der beiden Bankdirektoren, Gerhard Praschak, musste seinen Stuhl räumen. Damit konnte er sich nicht abfinden. Politik und Parteiräson duldeten keine Widerrede. Am 26. April 1997 betrat Praschak sein Büro. Er arbeitete oft an Wochenenden. Gegen 18 Uhr knallte es. Er hatte sich erschossen. Tatsächlich? Oder wurde nachgeholfen?

Seine zweite Ehefrau, eine Ärztin, kam gegen 21 Uhr nach Hause und fand einen Abschiedsbrief vor. Sie eilte in die Bank. Praschaks Büro war verschlossen. Die Feuerwehr brach die Tür auf. Auf seinem Schreibtisch ein weiterer Abschiedsbrief und zugleich eine Abrechnung mit dem österreichischen System. Besonders das Projekt »Ostmilliarde« – Investitionen in den ehemaligen Ostblockstaaten – hatte er als Flop gesehen. Der Rechnungshof war in einem geheimen Bericht seiner Meinung. Erste Zweifel kamen hoch, ob es tatsächlich Selbstmord war. Öffentlich wurde Praschak als psychisch krank abgestempelt. In Praschaks Wohnung wurde eingebrochen. Alle Unterlagen, die mit ihm zu tun hatten, wurden gestohlen. Auch seine zweite Frau beging Selbstmord. Ob die wahren Hintergründe jemals ans Licht kommen werden? Jedenfalls war die »Ostmilliarde« ein Flop und kostete die Stadt Wien eine Milliarde Schilling.

Adresse OeKB, 1. Bezirk, Am Hof 4 | ÖPNV U 3, Station Herrengasse, über Fahnengasse, Haarhof, Irisgasse bis Am Hof

13 Mädchen für jede Neigung

... und jeden Alters

Kaum zu glauben, dass in den Flaniermeilen Kärntner Straße und Am Graben die Prostitution bis ins 20. Jahrhundert florierte. In allen Epochen blühte in Wien der Strich. So meinte die moralinsaure Kaiserin Maria Theresia: »Um die Prostitution abzuschaffen, müsste man die Männer abschaffen.« Sie rief sogar eine »Keuschheitskommission« ins Leben, deren Vertreter in den Schlafzimmern herumschnüffelten. Doch die *Grabennymphen* (Nutten) gingen weiterhin ihrem Broterwerb nach. Ihr Sohn, der reformfreudige Kaiser Joseph II., sah es lockerer. Er war oft inkognito Freier in diversen Spelunken, flog selbst aus einem Puff, weil er nicht bezahlen wollte.

Vielfach zwang die Not dazu, den eigenen Körper zu verkaufen. Väter verscherbelten ihre Töchter, die als *Bierhäuslmentscher* (Bierlokalmädchen) ein furchtbares Leben führten. Im Biedermeier war es besonders schlimm. Im Theater an der Wien gründete der Impresario, Tänzer und Choreograf Friedrich Horschelt ein Kinderballett, um das Haus vor dem Ruin zu retten. Auch die später berühmte Tänzerin Fanny Elßler und ihre Schwester waren Angehörige des Ballettkorps. Die Zuschauer, vorwiegend Männer, strömten in Scharen herbei. Der Adel besorgte sich gegen entsprechendes Entgelt die Kinder für seine Gelüste. Schützende Hände bewahrten diese Leute vor Strafe. Doch die Kritik an dieser Kinderprostitution wurde immer lauter, bis das Ballett 1821 endgültig verboten wurde.

Der Strich war deswegen nicht vorbei. In den 1960er Jahren spazierte Bundeskanzler Klaus mit seinem Sekretär über den Graben. Prompt wurden die Herren angesprochen. Eine der Bordsteinschwalben bemerkte, wen sie angesprochen hatte. Der Sekretär musste seinem Chef erklären, was hier vorging. Am nächsten Morgen klingelte das Telefon im Büro des Bürgermeisters. Dreimal darf geraten werden, wer dran war. Danach war der Graben auch in den Abend- und Nachtstunden wieder hochseriöse Straße.

Adresse 1. Bezirk, Kärntner Straße und Graben | ÖPNV U 1, U 3, Station Stephansplatz

14 Warum?

Ein perfekter Mord?

Maysedergasse 1 am Karfreitag, dem 4. April 1980. Die 16-jährige Christine Schöllerl betrat gegen 7.30 Uhr das Haus, um ihre Arbeit als Schneiderinnenlehrling im Geschäft »Zur Englischen Flotte« anzutreten. Die Werkstätte befand sich im oberen Stockwerk. Sie wollte das Licht im Treppenhaus anknipsen, doch es blieb dunkel. Ein unbekannter Täter stürzte sich auf das Mädchen, rammte ihr fünfmal ein Messer in Rücken und Brust. Danach flüchtete er unerkannt.

Christine schaffte es noch bis zum Haustor, wo sie zusammenbrach. 35 Minuten später verstarb sie aufgrund der schweren Verletzungen im Krankenhaus. Die Kriminalpolizei stellte fest, dass ihr Mörder die Glühbirne aus der Fassung gedreht und ihr aufgelauert hatte. Eine Arbeitskollegin Schöllerls hatte noch einen unbekannten Mann im Treppenhaus gesehen, dieser Beobachtung aber vorerst keine große Bedeutung zugemessen. Trotzdem ließen die Kriminalbeamten ein vages Phantombild anfertigen und veröffentlichten es. Rund 1.000 Männer wurden erfolglos von der Mordkommission überprüft. Für die Zeugin war es besonders schwierig, die Verbrecherkartei durchzusehen und Gegenüberstellungen auf sich zu nehmen.

Noch ein Jahr nach dem Mord trafen immer wieder Hinweise ein, die zu keinem Erfolg führten. Dieser Mordfall wurde zu einem *Cold Case*, wie es heute im Kriminalbeamtenjargon heißt. Bis heute sind Motiv und Täter unbekannt. Möglicherweise ist Christine Schöllerls Mörder bereits selbst verstorben. Sollte das der Fall sein, dann wackelt die Theorie, einen perfekten Mord gebe es nicht, erheblich.

In der Maysedergasse 1 erinnert heute nichts mehr an diese heimtückische Tat. In das alte Modegeschäft sind längst unterschiedliche andere Branchen eingezogen. Wahrscheinlich hat keiner der Angestellten eine Ahnung, was dort an jenem Karfreitag 1980 Furchtbares geschah. Ein aufblühendes Leben einfach ausgelöscht.

Adresse 1. Bezirk, Maysedergasse 1 | ÖPNV U 1, U 2, U 4, Station Karlsplatz, Ausgang Kärntner Straße, über Kärntner Straße in Maysedergasse

15_Das Horrorhaus

Eine schrecklich nette Familie

Noch heute löst dieses düstere Haus an der Ecke Augustinerstraße 12/Dorotheergasse 19 Schaudern aus. Auch ohne Kenntnis der historischen Hintergründe des »Alten Harnischhauses« oder »Ungarischen Hauses«.

Elisabeth Báthory wurde 1560 in Transsilvanien im heutigen Rumänien geboren. Sie war die Nichte des Polenkönigs Stephan Báthory. Ihre Onkel litten unter Epilepsie und frönten ihrem Sadismus. Ebenso psychisch gestört war ihr Cousin Gábor, der später als König von Transsilvanien ermordet wurde. Tante Clara entsorgte zwei von vier Ehemännern durch Mord. Elisabeth war also erblich vorbelastet. Sie war Ferenc Graf Nádasdy versprochen, den sie mit 15 heiratete. 1604 starb Nádasdy. Elisabeth lebte auf verschiedenen Gütern in Ungarn. Den Winter verbrachte sie oftmals in Wien. Ihr Verbündeter, der gnomenhafte Diener János Ujváry, genannt »Ficzkó«, trieb sich im Auftrag seiner Herrin auf den Märkten, besonders am Mehlmarkt (heute Neuer Markt), herum. Er versprach jungen Mädchen einen überdurchschnittlich hohen Lohn und Reisen nach Ungarn, wenn sie als Zofen und Küchenmädchen für seine Herrin arbeiteten.

Immer mehr Mädeln verschwanden in den Wintermonaten. Die Augustinermönche vom gegenüberliegenden Kloster hörten nächtens immer wieder Schreie. Gerüchte machten sich breit. Nach der Abreise der Gräfin zurück in die Stammburg Čachtice in der heutigen Slowakei blühte auch dort die Gerüchtebörse. Schwarze Magie und Folterrituale würde die »Blutgräfin« veranstalten. Schließlich nahm sich der Schlosskaplan ein Herz und fand im Keller unzählige grässlich verstümmelte Frauenleichen. Elisabeth Báthorys perverse Umtriebe flogen auf. Am 21. August 1614 wurde ihr der Prozess gemacht. Mehr als 600 Morde in Wien und auf ihren Latifundien hatte sie begangen. Sie wurde in Čachtice lebendig eingemauert. Ihre Helfer landeten auf dem Scheiterhaufen.

Adresse 1. Bezirk, Augustinerstraße 12/Dorotheergasse 19 | **ÖPNV** U 1, U 2, U 4, Station Karlsplatz, Ausgang Kärntner Straße / Oper, über Kärntner Straße, Philharmonikerstraße, Albertinaplatz, Helmut-Zilk-Platz in die Augustinerstraße

16 »Zu den fünf Morden«

Grenzüberschreitende Fahndung

Am Morgen des 24. November 1500 hatte es Bartel – mehr ist nicht bekannt – aus gutem Grund eilig. Er rannte mit einem Sack auf dem Rücken Richtung Stadttor. Der Posten ließ ihn passieren. Bartels Ziel war Regensburg, woher er stammte.

Kurz nach Bartels Verschwinden betrat eine Frau das Gewölbe des Bäckermeisters Leo Reisner in der Herrengasse, um Brot zu kaufen. Doch nichts regte sich. In der Backstube war alles ruhig. Die Kundin beauftragte einen Jungen, der ebenfalls einkaufen wollte, einen *Wachter* zu holen. Zurück mit einem Stadtguardisten hielt man Nachschau. In der Gesindestube die erste grausige Entdeckung. Reisners vierjährige Tochter lag mit durchgeschnittener Kehle am Boden. In der Stube die Leichen der Magd und des Bäckergesellen. Im Schlafgemach Leo Reisner und seine Frau. Alle mit durchtrennten Kehlen. Inzwischen hatte sich die Nachricht herumgesprochen. Nur mit größter Mühe gelang es der Stadtguardia, die Gaffer vom Tatort fernzuhalten.

Für das Kriminalgericht gab es nur einen Schuldigen: den flüchtigen Bäckergesellen Bartel. Es fehlten einige Wertgegenstände aus der Behausung der Reisners. Bartel war für seine Geldnöte bekannt. Die Stadt wurde durchkämmt, aber von ihm keine Spur. Man wusste, dass er aus Regensburg stammte, und nahm an, dass er dorthin zurückgekehrt war. Ein Bote wurde in seine Heimatstadt geschickt. Mit dem kaiserlichen Befehl an den Regensburger Stadtrat, Bartel festzunehmen und auszuliefern.

Tatsächlich kehrte Bartel drei Monate später nach Wien zurück. Festgebunden an einen Pfahl auf einer Donauplätte. Vor dem Kriminalgericht gestand der Raubmörder seine Tat. Selbst im rauen Mittelalter wurde Pfählen als Todesstrafe eher selten vollzogen. Bartels Todeskampf dauerte rund fünf Stunden. Sehr zum Gaudium der zahlreichen Schaulustigen, denn Hinrichtungen arteten zu Volksfesten aus. Das besondere Verhältnis der Wiener zum Tod.

Adresse 1. Bezirk, Herrengasse 17/Bankgasse 1–3 | ÖPNV U3, Station Herrengasse

17 Am Schweinemarkt

Ein Bürgermeister wird einen Kopf kürzer

Am heutigen Lobkowitzplatz rollten im Mittelalter die Köpfe. Hier fand der Schweinemarkt statt. Zugleich war der Ort Hinrichtungsstätte. Nach dem brutalen Schauspiel quiekte wieder das Borstenvieh. Nicht nur im einfachen Volk grassierte das Verbrechen, der Adel war um keinen Deut besser. Vielleicht sogar noch schlimmer, denn Blaublütige konnten sich der Gerichtsbarkeit entziehen.

Ende des 14. und Anfang des 15. Jahrhunderts eskalierte der Streit zwischen den Brüdern Herzog Ernst dem Eisernen und Herzog Leopold IV. Natürlich ging es, wie könnte es anders sein, um Macht und Einfluss. Hinter Ernst standen die Wiener Patrizier und die Landesherren. Zu Leopold hielten die Handwerker und Ritter. Beide Parteien zeigten sich unversöhnlich. Bürgermeister Konrad Vorlauf, ein Gefolgsmann von Ernst, ließ am 5. Jänner 1408 fünf Rädelsführer der Gegenpartei hinrichten. Ernsts Bruder Leopold kämpfte sich wieder an die Macht zurück. Prompt folgte die Rache für die Hinrichtungen.

Konrad Vorlauf und sechs Ratsherren wurden arretiert und in den Kärntnerturm gesperrt. Dieser Turm stand im Bereich des heutigen Palais Todesco (Kärntner Straße 51 / Walfischgasse 2 / Mahlerstraße 1). Am Schweinemarkt wurde ein Holzgerüst als Hinrichtungsstätte erbaut. Was für ein Spektakel für die sensationslüsternen Wiener, als die sieben Delinquenten vorgeführt und zur Schau gestellt wurden. Nach der Verkündigung der Todesurteile äußerte Bürgermeister Vorlauf den Wunsch, zuerst in den Tod gehen zu dürfen. Dies wurde ihm gewährt. Bevor der Scharfrichter das Richtschwert hob, sagte Vorlauf zum Henker: »Zage nicht und tue dein Amt. Ich verzeihe dir diesen Streich, denn ich bin unschuldig, doch tue ihn herzhaft.« Danach legte er sein Haupt auf den Richtblock.

Es war kein einmaliges Ereignis. Der Schweinemarkt wurde immer wieder für Exekutionen verwendet, bis andere Orte ihn als Richtstätte ablösten.

Adresse 1. Bezirk, Lobkowitzplatz | **ÖPNV** U 1, U 2, U 4, Station Karlsplatz, über Kärntner Straße, Philharmonikerstraße, Albertinaplatz, Helmut-Zilk-Platz zum Lobkowitzplatz

18 Der Katzelmacher

In Geldnöten

Der Geldbriefträger Johann Guga galt als pflichtbewusst und verlässlich. Am 18. Oktober 1876 abends kehrte er nicht in sein zuständiges Postamt zurück. Die k. u. k. Polizeidirektion am Schottenring wurde verständigt. Sämtliche Empfängeradressen Gugas an diesem Tag wurden überprüft. Darunter ein *Katzelmacher*, wie man damals die Italiener in Wien abfällig nannte: Alfonso Mendoza, Seidenhändler aus Neapel, abgestiegen im »Aziendahof« am Graben 31, einem der vornehmsten Wiener Hotels. In seinem Zimmer lag Gugas Leiche. Schuss in den Hinterkopf, Strangulierung mit einem Strick und durchtrennte Kehle.

Am Tatort fanden sich ein grüner Hut von einem Klagenfurter Hutmacher und ein Taschentuch mit dem Monogramm E. F. Das Personal lieferte eine vage Personenbeschreibung. Ein Steckbrief wurde veröffentlicht. Eine Zeugin erkannte den falschen Mendoza aus Klagenfurt. Ein Dienstmann gab an, dass er das Gepäck des Gesuchten vom Hotel zum Südbahnhof befördert hatte. Die Polizei fand heraus, dass es sich um Enrico von Francesconi handelte, einen Offizierssohn aus besten Verhältnissen. Der Mörder hatte eine beträchtliche Erbschaft verprasst. In Klagenfurt hatte sich der mittellose Francesconi als Sprachlehrer und Korrespondent durchgeschlagen. Außerdem hatte der Frauenschwarm ein Kind mit einer 17-Jährigen. Am Abend des Mordtages war er bei seiner Geliebten aufgetaucht, um gleich wieder zu verreisen.

Die Polizei konzentrierte sich auf in den Süden fahrende Züge. Man nahm an, dass Francesconi in Italien untertauchen wollte. In Sterzing konnte der Mörder verhaftet werden. Nach anfänglichem Leugnen gestand er. Das Urteil: Tod durch den Strang. Einen Monat später wurde der Italiener im Hof des Wiener Landesgerichts hingerichtet. Erstmals unter Ausschluss der Öffentlichkeit. Francesconi hatte die zweifelhafte Ehre, am neuen Würgegalgen zu sterben. In der Öffentlichkeit galt er als fescher Mörder.

Adresse ehemaliges Hotel »Aziendahof«, 1. Bezirk, Graben 31 | ÖPNV U1, Station Stephansplatz, Ausgang Graben

19 Ein Justizirrtum

Die »wilde Kathi«

Der Fall Katharina Steiner galt als fürchterlicher Justizirrtum. Das Hotel »Zum wilden Mann« in der Kärntner Straße 17 stand kurz vor dem Abbruch, wurde aber als billige Absteige für Geheimprostitution genützt.

Am Nachmittag des 3. April 1878 fanden die *Koberin* (Vermieterin) Rosa Spanberg und die Bedienerin Johanna Gudowicz die Leiche der Prostituierten Katharina Balogh in einem der Zimmer. Die Leiche wies Würgemale auf. Weder Geld noch andere Wertgegenstände fehlten. Die Zimmernachbarin der »blonden Kathi« wurde gesucht. Katharina Steiner mit dem Spitznamen »wilde Kathi« oder »schwarze Kathi« konnte von einer Streife in einer Gulaschhütte gestellt werden. Doch Steiner wusste von nichts, erzählte, dass sie Balogh am Vorabend mit einem jungen Freier im Hausflur gesehen habe und danach ins Zimmer verschwunden sei.

Der Fokus der Ermittlungen richtete sich auf den unbekannten Mann, jedoch ergebnislos. Trotzdem wurden Spanberg, Gudowicz und Steiner inhaftiert. Das mögliche Mordmotiv lautete Eifersucht unter den Frauen. Die Vermieterin und die Bedienerin wurden freigelassen. Steiner musste weiter sitzen, weil sie sich in Widersprüche verwickelt hatte. Ihr wurde die Mordanklage angehängt. Da sie sich im Prozess ungebührlich und wild gab, glaubte man ihren Unschuldsbeteuerungen nicht. Daher Tod durch den Strang. Nur eine Begnadigung des Kaisers rettete sie. Vier Jahre saß Steiner in einer berüchtigten Frauenstrafanstalt.

Dann stellte sich der tatsächliche Mörder Ferdinand Waschauer und gestand den Mord. Steiner war angeblich von Spanberg und Gudowicz verleumdet worden, weil besonders die Bedienerin den Täter gedeckt hatte. Katharina Steiner kehrte nach ihrer Entlassung nach Wien zurück. Sie erhielt eine monatliche Entschädigung auf Lebenszeit. Nach dem Zusammenbruch der Monarchie 1918 war es damit vorbei. In bitterer Armut verbrachte sie ihre letzten Jahre in der Leopoldstadt.

Adresse 1. Bezirk, Kärntner Straße 17; letzter Wohnort der »wilden Kathi«: 2. Bezirk, Franz-Hochedlingergasse 4 | **ÖPNV** U 1, Station Stephansplatz, Ausgang Kärntner Straße

20 Die Annagasse

Der Spion im Hotel?

Die 26-jährige Mizzi Schmidt war bekannt auf dem Strich. In der Nacht zum 29. Juni 1913 verließ sie mit einem *Gogl* (Freier) das Café de l'Europe am Graben. Das Ziel: ein nahe gelegenes Hotel. Kurz danach tauchte sie mit einem anderen Galan im Hotel »Zum römischen Kaiser« in der Annagasse 16 auf. Das Pärchen bezog Zimmer 18. Kurz danach verließ er das Haus, sagte dem Nachtportier, die Frau wolle schlafen und er selbst komme zum Frühstück zurück. Dem Portier und dem Stubenmädchen war das nicht geheuer. Ein Blick durchs Schlüsselloch und mit dem Zweitschlüssel ins Zimmer. Mizzi lag bekleidet auf einem Diwan. Erwürgt und mit einer Bissspur an der Kehle. Der wertvolle Schmuck der Prostituierten fehlte, daher Raubmord.

Die Ermittlungen ergaben, dass Mizzi ein Doppelleben geführt hatte. Am Tag die Grande Dame mit Personal in einer Wohnung in der Rittergasse auf der Wieden, nächtens eine Hure. Sie war nicht nur in zwielichtigen Kreisen bekannt, sondern auch in der Wiener Gesellschaft angesehen gewesen. Die Nachforschungen liefen ins Leere, bis die Polizei auf einen jungen Technikstudenten stieß. Doch Felix Kundgraber war verschwunden. Die Personenbeschreibung passte, und auf Fotos erkannte das Stubenmädchen den letzten Freier. Erst 1926 erhielt die Polizei den Hinweis, dass Kundgraber als Felix Gerbeaud in Marseille lebte. Über die neue Interpol wurde die Auslieferung nach Österreich beantragt. Zwar wurde der Mann verhaftet, aber kurz darauf wieder freigelassen. In dem Sinne zwei ungeklärte Fälle.

Kundgraber hatte im Ersten Weltkrieg unter den Franzosen gedient, sich große Verdienste erworben. Daher keine Auslieferung. Die Wiener Polizei vermutete, dass er ein französischer Spion war. In jener Zeit war Wien Mittelpunkt internationaler Spionage. Daher wurde von den Franzosen über den Raubmord hinweggesehen. Kundgraber alias Gerbeaud tauchte nie mehr auf.

Adresse Schlosshotel Römischer Kaiser, 1. Bezirk, Annagasse 16 | **ÖPNV** U 1, U 3, Station Karlsplatz, Ausgang Kärntner Straße/Oper, über Kärntner Straße in die Annagasse

21 Tödlicher Dienst

Fataler Einbruch

Drei Jahre nach dem Zweiten Weltkrieg, mitten in der Besatzungszeit, im zerbombten Wien. Eine unruhige, gefährliche Zeit. Die Stadt war in vier Zonen unterteilt, die jeweils von den Alliierten – Sowjets, Amerikanern, Briten und Franzosen – kontrolliert wurden.

Gegen 3 Uhr früh hörte der Hausmeister in der Vorlaufstraße 3 verdächtige Geräusche, die aus dem Tuchhaus »Silesia« drangen. Er fackelte nicht lange, da bereits vor einigen Tagen ein Einbruchsversuch stattgefunden hatte. Sofort verständigte der Hausgeist das Wachzimmer in der Heinrichsgasse. Der 57-jährige Wachkommandant und Revierinspektor Julius Skokan hielt mit zwei Sicherheitswachebeamten Nachschau. Ein flüchtender Einbrecher eröffnete sofort das Feuer. Skokan wurde durch einen Herz- und Bauchschuss getroffen, brach zusammen und verstarb noch auf der Fischerstiege. Sein Kollege Franz Bachler erlitt einen Streifschuss am Knöchel. Der dritte Polizist blieb unverletzt.

Das alarmierte Einsatzkommando durchstreifte die nähere Umgebung. In einer Bombenruine konnte der 19-jährige kaufmännische Lehrling Hermann Stefka aus Floridsdorf, dem 21. Bezirk, gestellt werden. Der Bursche war ziemlich *aufmagaziniert* (bewaffnet), führte eine Walther-Pistole und 30 Schuss Munition mit sich. Zuerst versuchte er, seinen Komplizen zu decken, nahm die Schuld auf sich. Doch ein Polizeidiensthund spürte im Keller des Hauses den 18-jährigen Elektromechanikerlehrling Alfred Onida auf. Es blieb den jungen Männern nichts anderes übrig, als zu gestehen.

In den Wirrnissen der Nachkriegszeit ging das Urteil für die beiden Täter verloren. Doch kann man davon ausgehen, dass beide trotz ihres jugendlichen Alters hohe Haftstrafen ausfassten.

Am 12. April 1948 wurde Julius Skokan unter großer Anteilnahme zu Grabe getragen. Ein Kondukt der Sicherheitswache unter Führung von Polizeipräsident Josef »Joschi« Holaubek nahm von dem Kameraden Abschied.

Adresse 1. Bezirk, Vorlaufstraße 3 | ÖPNV Bus 1A, Station Hoher Markt, von dort über Marc-Aurel-Straße bis Vorlaufstraße

22 ANO schlägt zu

Der Tod kam um die Mittagszeit

Gegen 11.30 Uhr verließen die Besucher am 29. August 1981 nach einer Bar-Mitzwa-Feier den Stadttempel in der Seitenstettengasse 2–4. Plötzlich fielen Schüsse. Ein Terrorist warf zwei Handgranaten in Richtung eines Polizisten, der den Tempeleingang bewachte. Er wurde lebensgefährlich verletzt. Ein zweiter Angreifer feuerte auf einen Polizisten, der am oberen Ende der Gasse stand. Auch er erlitt schwere Verletzungen. Die Terroristen ballerten mit MPs. Eine junge Frau warf sich schützend über den Kinderwagen einer Freundin. Sie starb, das Kind blieb unverletzt. Ein 71-jähriger Besucher war ein weiteres Todesopfer. 20 Personen wurden verletzt.

Noch Schlimmeres verhinderten weitere Polizisten und ein Berufsdetektiv, der als Bodyguard für einen Tempelbesucher arbeitete. Der Detektiv schoss auf einen Attentäter, traf ihn in den Bauch. Trotzdem versuchte der Terrorist zu fliehen, warf eine Handgranate und schoss weiter wild um sich. Der Studentin Elvira Glück gelang es geistesgegenwärtig, die Tempeltür zu schließen. Zwei Polizisten verfolgten den zweiten Terroristen, der Handgranaten zündete und feuerte. Ein Polizist wurde von Splittern getroffen. Trotzdem schafften es die beiden, den Täter zu überwältigen.

Marwan H. und Hussham R. gehörten der »Al-Asifa«, dem Revolutionskomitee einer Palästinensergruppe der Abu-Nidal-Organisation (ANO), an. Marwan H. gestand auch den Mord an dem Wiener Stadtrat Heinz Nittel am 1. Mai 1981. Im Oktober 1981 wurde Bahij Y., der Führungsoffizier und Drahtzieher, in Salzburg verhaftet. Die Attentäter erhielten lebenslang, Y. 20 Jahre. Er kam nach 14 Jahren frei und bekam ein Aufenthaltsverbot für Österreich. Als Staatenloser konnte er nicht abgeschoben werden. Niemand wollte ihn. Jahre später verletzte er im Streit einen Mann schwer, landete wieder hinter Gittern.

Auch Marwan H. und Hussham R. erlangten frühzeitig die Freiheit.

Adresse Synagoge, 1. Bezirk, Seitenstettengasse 2–4 | **ÖPNV** Bus 1A, Station Hoher Markt, von dort über Judengasse in die Seitenstettengasse; Bus 2A, Station Schwedenplatz, dann über Rotenturmstraße und Rabensteig in die Seitenstettengasse; oder U1, Station Schwedenplatz und über Rotenturmstraße und Rabensteig in die Seitenstettengasse

23 Ein Film und seine Zither

Im Kanalnetz

Düster, schaurig, gefährlich. Schuttberge, Brandruinen, ausgebombte Häuser. So ließ sich Wien in den ersten Jahren nach dem Ende des Zweiten Weltkriegs und am Beginn des Kalten Krieges charakterisieren, überwacht von den vier Alliierten. Wien als Drehscheibe der Agenten, Schieber und Kriegsgewinnler.

Der perfekte Drehort für den britischen *Film noir* in Schwarz-Weiß von Carol Reed nach dem Drehbuch von Graham Greene.

»Der Dritte Mann« von 1949 wurde ein Klassiker. Orson Welles, Joseph Cotton und Trevor Howard in Glanzrollen. Österreichische Publikumslieblinge wie Annie Rosar und Paul Hörbiger wirkten als Nebendarsteller mit. Bis heute unvergesslich: die Filmmusik des Wiener Heurigenmusikers Anton Karas, der von Regisseur Reed entdeckt worden war. Das Harry-Lime-Thema, gespielt auf der Zither, machte Karas unsterblich. Harry Lime, der Böse im Film, dargestellt von Orson Welles, begleitete Karas ein Leben lang. Die gesamte Filmmusik wurde in London in einem Studio aufgenommen. Als Komponist und Musiker erhielt Karas für die damaligen Verhältnisse in Wien ein fürstliches Honorar.

Die Musik kam international dermaßen gut an, dass Karas in den USA als erster Österreicher die Hitliste anführte. Noch weit vor Falco mit »Rock me Amadeus«. Karas war ein gemachter Mann. Aus Schallplattenverkäufen und Tantiemen konnte er in Sievering (19. Bezirk) seinen eigenen Heurigen »Zum Dritten Mann« eröffnen, der sofort zu einem gesellschaftlichen Mittelpunkt aufstieg. Nicht ganz nach dem Willen seines Besitzers. Karas hätte viel lieber in kleinen *Beisln* (Wirtshäusern) und unbedeutenden Heurigen aufgespielt. 1966 ging er in Pension und schloss auch sein Weinlokal. Karas starb 1985 und ist in einem Ehrengrab auf dem Sieveringer Friedhof (Gruppe 28, Reihe 9, Nummer 9/10) bestattet. Wer auf den Spuren des »Dritten Mannes« wandeln will, muss in das gigantische Kanalnetz hinabsteigen.

Adresse »3. Mann Tour« im Kanalnetz, 1. Bezirk, Karlsplatz-Girardipark | ÖPNV U 1, U 2, U 4, Station Karlsplatz

24 Konspirative Plaudereien

... und dazu eine Melange

Eingebettet zwischen Staatsoper, Hotel Sacher und Albertina steht seit 1794 das Café Mozart. Ein Kaffeehaus, das Graham Green für seinen Roman »Der dritte Mann« inspirierte, woraus der legendäre Film entstand. Regisseur Carol Reed verliebte sich in dieses Lokal. Green und Reed verbrachten sehr viel Zeit dort.

Nach dem Zweiten Weltkrieg wurde das »Mozart« zu einem Treffpunkt von zwielichtigen Typen und Spionen im Kalten Krieg. Aufgrund seiner zentralen Lage in Europa entwickelte sich Wien zu einer internationalen Spionagedrehscheibe. Tote Briefkästen, konspirative Treffen, Austausch von Geheimdokumenten und Mikrofilmen. Damals war eine dieser Anlaufstellen das Café Mozart. Allen voran für die Sowjets. Später einmal sagte ein KGB-Agent, dass man »hier besonders gut arbeiten konnte, weil die Stapo (Staatspolizei) nichts mitbekam«. Oder andersrum ausgedrückt: Man verschloss Augen und Ohren, weil man selbst Spitzel für die Sowjets war oder von ihnen bestochen wurde.

Natürlich trieben sich auch die Amerikaner hier herum. Nach einer späteren Schätzung der USA waren während der Besatzungszeit (1945–1955) rund 700 Personen für Geheimdienste tätig. Die Russen jedoch mit circa 2.800 bis 3.500 Agenten. Besonders sie zeichneten sich durch Morde, Entführungen, Erpressungen und Drohungen aus. Zum Beispiel verschwanden 1948 bis zu drei Menschen täglich in Wien und landeten in einem sowjetischen Gulag. Besonders markante Fälle waren die Entführungen einer Sektionschefin im Ministerium für Vermögenssicherung und Wirtschaftsplanung, eines Ministerialrats, eines Oberinspektors und eines Gendarmen. Nach der Gründung der DDR war die Stasi in Wien umtriebig. Einer der konspirativen Treffpunkte war das »Gutruf«. Rudi Wein, ein Freund von Udo Proksch, führte das Lokal von 1972 bis 1991. Wein spionierte für die DDR und für Ungarn. Wien ist bis heute die Stadt der Spione geblieben.

Adresse Café Mozart: 1. Bezirk, Albertinaplatz 2; Gutruf: 1. Bezirk, Milchgasse 1 | ÖPNV U 1, U 2, U 4, Station Karlsplatz, Ausgang Kärntner Straße / Oper, dann über Kärntner Straße und Philharmoniker Straße zum Albertinaplatz

25 Waren aller Art

Kalaschnikow im Angebot

Am Beginn der Reichsbrücke stadtauswärts liegt rechter Hand der Mexikoplatz. Der Name ist gleichsam ein Dank an diesen Staat, der 1938 als einziges Land der Welt offiziell gegen Hitlers Einmarsch in Österreich Protest einlegte. Dominiert wird dieser Platz von der Kaiser-Franz-Joseph-Jubiläumskirche.

Dieses *Grätzl* (Viertel) ist ein Schmelztiegel unterschiedlichster Nationen vorwiegend aus dem ehemaligen Ostblock. Ein Ort, der seit jeher dubiose Figuren magisch anzieht. Der Platz ist ein Synonym für jede Art von illegalen Geschäften. Viele Läden bieten »Waren aller Art« an, wechseln oft die Besitzer, meist über Strohmänner. Wer die richtigen Ansprechpartner kennt, bekommt das Gewünschte. Für die Dummen gibt es gefälschte Uhren und andere Produkte der Markenpiraterie, die über geheime Pfade ins Land geschmuggelt wurden. Wer einen schwarzen *Pumperer*, eine nicht registrierte *Krach'n* (illegale Waffe) braucht, legt genügend Cash auf den Tisch, und die Sache ist geritzt. Manches *Beisl* oder *Tschocherl* (übles Lokal) ist nichts für zartbesaitete Gemüter. Vor einigen Jahre trieben organisierte Einbrecherbanden ihr Unwesen. Ein Juwelier am Mexikoplatz war der Hehler. Die Beute wurde nach Israel geschafft – so vermuteten es Kriminalbeamte –, dort eingeschmolzen und kehrte als Goldbarren wieder ins Land zurück. Ein israelischer Clan hatte damals den Platz fest im Griff. Illegaler Alkoholschmuggel und Verkauf von gefälschten Zigaretten waren nur zwei Einnahmequellen. Ein Kriminalbeamter sagte einmal: »Hehlerei interessiert unsere Justiz nicht.«

In den Diensten der Israelis standen Georgier als Handlanger für Einbrüche. Tschetschenen arbeiteten als Schutzgelderpresser. Die Polizei steht hier meist auf verlorenem Posten. Vielfach sind die Gesichter der *Kiberer* bekannt. Sie werden von den Gaunern freundlich gegrüßt und angegrinst. Dann, wenn die Polizei wieder weg ist: *business as usual.*

Adresse 2. Bezirk, Mexikoplatz | ÖPNV U1, Station Vorgartenstraße, über Lassallestraße zum Mexikoplatz

26 Kein Märchen

Das Knusperhäuschen

Mitten im Prater liegt das legendenbehaftete Knusperhäuschen. Als die alte Garde der *Galerie*, der heute nicht mehr existenten echten Wiener Unterwelt, noch hochaktiv war, galt dieses Lokal als einer der gefragtesten Treffpunkte.

Manches naive Mädel, oft ein Landei, dachte, endlich werde ihr Traum in der großen Stadt wahr. Der *Feschak* (gut aussehende Mann) versprach ihr alles und log das Blaue vom Himmel herab. Doch er war nur ein *Burenhäutl-Strizzi*, der ein neues Pferdchen suchte. Die Burenwurst ist eine billige, aber köstliche Spezialität. Im Milieu wurde so ein Zuhälter bezeichnet, der sich nicht einmal diese Wurst leisten konnte, weil seine Huren nicht genügend Geld verdienten. Wenn das verliebte Mädel bemerkte, welches böse Spiel ihr »Freund« mit ihr spielte, war es längst zu spät. Da stand es bereits in der Prater-Haupt- und in der Rustenschacherallee für die schnellen Nummern im Gebüsch oder im Auto.

Einer, der im Knusperhäuschen regelmäßig nach Frischfleisch Ausschau hielt, war »Cadillac-Freddy«, für den in seiner Glanzzeit bis zu vier Frauen gleichzeitig arbeiteten. Im Knusperhäuschen zerplatzten unzählige Träume, ereigneten sich persönliche Tragödien. Viele Gäste kamen gerade vom *Schmalz* (Gefängnis), und ihr erster Weg führte sie hierher. Hier saßen ihre *Haberer* (Freunde), und wieder wurde es nichts mit dem *Solidwerden* (Seriöswerden). Einer hatte einen topsicheren Tipp für ein *Rauberl* (Überfall) oder einen *Bruch* (Einbruch). Mancher *ging* im Knusperhäuschen *meier* (wurde verhaftet), und im *Häfen* (Gefängnis) traf er wieder den Haberer mit dem todsicheren Tipp.

Ins Knusperhäuschen kamen nach durchzechten Nächten im Milieu öfters auch die Bosse, sofern sie nicht wieder einmal miteinander verfeindet waren. Dann saßen dort der *Rote*, *Notwehr-Krista*, der *Oide* (Alte), der *G'schwinde* und einige andere Typen, mit denen man sich besser nicht anlegte.

Adresse Knusperhäuschen, 2. Bezirk, Prater, Straße des 1. Mai 18 | **ÖPNV** U1, U2, Station Praterstern, über Praterstern, Gabor-Steiner-Weg und Riesenradplatz in die Straße des 1. Mai

27 Showdown

Wer besser trifft, überlebt

Ein Prachtboulevard ist die Ausstellungsstraße wahrlich nicht. Die Vergangenheit weist viele dunkle Flecken auf. Der Name stammt aus der Zeit der österreichisch-ungarischen Monarchie, als 1873 in Wien die Weltausstellung stattfand und die Straße zum Ausstellungsgelände führte.

Zwischen 1942 und 1945 waren in den Häusern Nummer 51, 137, 178 und 247 Zwangsarbeiter untergebracht. Auf der einen Seite der Prater, auf der anderen alte Gründerzeithäuser und Rotlichtlokale, die zum Revier von Willibald Schäffel gehörten, der 2016 starb. Er war ein Weggefährte von Heinz Bachheimer, dem »Roten Heinzi«, überwachte sein Viertel vom Café Pam Pam aus. Die Marion- und die Susi-Bar zählten ebenfalls zu seinen Betrieben. Schäffel war eine eigenständige Größe in der Unterwelt, die »Gürtel-Partie« ließ ihn in Ruhe, und er pfuschte ihr nicht ins Handwerk. Er war der König vom Max-Winter-Platz. In den 1960er Jahren war die Ausstellungsstraße ein extrem heißes Pflaster. Immer wieder kam es zu Schießereien unter den verfeindeten *Platten* (Banden). Ein gefundenes Fressen für die Boulevardpresse. Wie immer ging es um Revierkämpfe, um die Kontrolle des Rotlichts und des verbotenen *Stoß*-Spiels, eines Glücksspiels mit Karten. Es wurde mit harten Bandagen gekämpft. Keiner im Milieu war unbewaffnet.

1963 gerieten Heinz Karrer und Josef »der G'schwinde« Angerler erstmals aneinander, und die Luft wurde extrem bleihaltig. Ein Jahr später, 1964, gab es eine Schießerei im ehemaligen Café Jo-Jo: Karrer gegen Angerler und Josef Krista, genannt »Notwehr-Krista«.

Legendär ist die Geschichte, die damals in Unterweltkreisen kursierte und das Wachzimmer Ausstellungsstraße betraf. Angeblich war es normal, dass sich jeder, der diese Dienststelle betrat, sofort ein paar saftige Watschen von den Polizisten einfing. Bis einmal einer der Kollegen schrie: »Hörts auf, der bringt nur seinen Meldezettel!«

Adresse 2. Bezirk, Ausstellungsstraße | ÖPNV U 1, Station Praterstern; oder U 2, Station Praterstern oder Messe-Prater, Ausgang Max-Koppe-Gasse

28 Wo ist die Marie?

Spurlos verschwunden

1985 wurde ein 23-jähriger Mann zu einer Berühmtheit. Viktor Runa stammte aus Favoriten und arbeitete für eine Geldtransportfirma. Am 3. Mai fiel ein Fahrer aus, und Runa sprang ein. Der Panzerwagen hielt vor der Zentralsparkasse in der Taborstraße 13. Runa saß hinter dem Steuer, sein Kollege betrat mit den Geldkoffern die Bank. Runa stieg aufs Gas. Die Großfahndung blieb erfolglos. Erst eine Stunde später wurde das Fahrzeug gefunden, da war Runa schon über alle Berge. Noch im Wagen hatte Runa rund 12 Millionen Schilling (circa 900.000 Euro) umgepackt, er setzte die Flucht mit einem Taxi fort, wechselte in die damalige Stadtbahn und stieg in der Station Josefstädter Straße aus.

Nach drei Tagen gab Runa auf. Er sagte aus, er sei aus der Stadtbahn gestiegen, weil ihn ein Fahrgast merkwürdig angesehen habe. Als ihm ein Polizist begegnet sei, habe er sich in eine Telefonzelle gestellt, die Beute habe er draußen stehen lassen. Danach sei das Geld futsch gewesen. Angeblich waren nur mehr 300.000 Schilling übrig. Der Taxler, der ihn zur Polizei fuhr, machte die Fuhre seines Lebens. Runa bezahlte ihm 28.000 Schilling. Keiner der Kriminalisten glaubte Runa. Längst war er in den Medien zu einem »Volkshelden« geworden. Der Räuber erwies sich als beinharter Steher. Acht Jahre und sechs Monate Haft, die er bis zur letzten Sekunde abbrummte. Im November 1993 war er wieder frei. Den Schaden für die Bank deckte die Versicherung. Doch sie wollte von Runa das Geld zurück. Er tauchte ab. 2001 spürte ihn ein Nachrichtenmagazin in Brasilien auf. Natürlich war ihm die Beute nicht gestohlen worden, sondern über dunkle Kanäle nach Deutschland und in die Schweiz gelangt. Doch es war nichts mehr vorhanden. Untertauchen kostet Unsummen.

Seither gilt Runa als verschollen. Die Polizei ist weiterhin überzeugt, dass ein Familienmitglied beim *Mariebunkern* (Geldbunkern) seine Finger im Spiel hatte.

Adresse 2. Bezirk, Taborstraße 13 | **ÖPNV** U 1, Station Schwedenplatz, dann Straßenbahn 2, Station Gredlerstraße

29 Angstfrei

Niemals blöd anreden

1947 kam Wanda Gertrude Kuchwalek als Tochter einer Wiener Tänzerin und eines russischen Besatzungssoldaten zur Welt. Der Vater verschwand, die Mutter kümmerte sich nicht um ihr Kind. Daher ab ins Erziehungsheim, wo Wanda rasch lernte, sich mit Gewalt durchzusetzen.

Ende der 1960er Jahre ging sie auf den Strich. Allerdings war sie lesbisch. Daher wechselte sie die Seiten. Wanda wurde die erste weibliche Zuhälterin Österreichs – mit einem straffen Regiment. Einem ihrer Mädchen zerschnitt sie mit einer Rasierklinge das Gesicht. Zwei unter ihrer Fuchtel stehende Prostituierte begingen Selbstmord. Drehte ein Freier durch, wurde er brutal verprügelt. Ihr Revier war der 2. Bezirk. Gestandene Strizzis hatten gehörigen Respekt vor ihr, auch die Polizei. Nüchtern war sie umgänglich, nur wenn man sie blöd anredete oder eines ihrer Mädchen zu lange anstarrte, wurde es gefährlich. Wanda war blitzschnell mit dem Messer, oder ein Aschenbecher landete am Kopf des Fürwitzigen.

Sie hatte zwar keine Ausbildung, war aber dennoch gebildet. Sie las Nietzsche und andere Philosophen. Eine Zeit lang trieb sie sich auf dem Hamburger Kiez herum, veröffentlichte einen Teil ihrer Memoiren in den »St. Pauli-Nachrichten«. Doch die Reeperbahn war nicht ihre Welt. Eines ihrer Stammlokale war das Café Stern in der Rotensterngasse 2. Heute befindet sich darin die Buchhandlung »Lhotzky's Literaturbuffet«.

Am Ende von Wandas Leben standen 18 Vorstrafen und entsprechende Haft. 1991 starb ihre Großmutter. Nun soff Wanda noch mehr. Aus dem Milieu war sie längst ausgestiegen. Als sich in einem Floridsdorfer *Beisl* (Lokal) ein Gast über ihren Hund lustig machte, steckte ihr Messer in seinem Hals. Es folgte ihre letzte Verurteilung. Die »Wilde Wanda« starb am 4. September 2004 mit 57 Jahren. Nur einen Mann ließ sie in ihrem Leben gelten, den heutigen Staranwalt Herbert Eichenseder. Er hatte genug mit ihr zu tun.

Adresse Café Stern, heute Lhotzky's Literaturbufett, 2. Bezirk, Rotensterngasse 2 | **ÖPNV** U 1, Station Nestroyplatz, über Praterstraße in die Rotensterngasse; U 1, Station Schwedenplatz, dann Straßenbahn 2, Station Taborstraße; oder U 2, Station Taborstraße, Ausgang Obere Augartenstraße, über Taborstraße in die Rotensterngasse

30 Drecksäcke

... und Papa geht fremd

Bereits 1377 wurde die Venediger Au urkundlich erwähnt. Ende des 19. Jahrhunderts entwickelte sich südlich davon der Volks- oder Wurstelpater. Auch in der Venediger Au standen einige Vergnügungsbetriebe. Am bekanntesten war der Zirkus Busch.

Heute ist die Venediger Au als Park nicht ganz ungefährlich. Sie liegt in unmittelbarer Nähe zum Praterstern mit dem seit jeher berüchtigten S-Bahnhof. Immer wieder kommt es im Umkreis von Praterstern, Bahnhof und Venediger Au zu Schlägereien, Drogendelikten und Messerstechereien. Über Jahre hinweg war die Venediger Au ein Zentrum für den Babystrich. Im Park und in den umliegenden Gassen waren Freier auf der Suche nach drogenabhängigen Minderjährigen. Auf dem ehemaligen Nordbahnhofgelände, das heute gänzlich verbaut ist, ging es unter denkbar miesesten Bedingungen zur Sache. Die Freier kurvten rund um die Venediger Au, quatschten jedes Mädchen und jede Frau an. Für die Anrainer war das Leben in diesem Viertel mehr als unangenehm.

Inzwischen konnte der Babystrich eingedämmt werden, doch die Lage hat sich dennoch nicht sonderlich verbessert. In der Venediger Au hat sich einer der Drogen-Hotspots etabliert. Vorwiegend Afghanen und Angehörige anderer Nationen aus dem arabischen Raum betätigen sich als Kleindealer. Obwohl die Polizei ständig präsent ist, kommt es öfters zu gefährlichen Situationen. Seit einigen Jahren besteht am Praterstern Alkoholverbot, da mit den *Sandlern* (Obdachlosen) ein weiteres Problem entstanden war. Nun zieht man sich eben in die Venediger Au zurück. Im Verborgenen existiert der Babystrich weiter.

In den Gassen rund um den Park floriert die Prostitution, vorwiegend asiatische Frauen, allen voran Chinesinnen, bieten in Gassenlokalen ihre Dienste an. Wird eines dieser schmuddeligen Etablissements behördlich geschlossen, eröffnet es wenige Tage später unter einem anderen Inhaber neu. Ein endloses Katz- und Mausspiel.

Adresse 2. Bezirk, Venediger Au | ÖPNV U 1, Station Praterstern, Ausgang Prater; oder U 2, Station Praterstern, Ausgang Venediger Au

31 Venedig in Wien?

Der Dogenhof

Nur der Name »Dogenhof« blieb erhalten. Sonst erinnert nichts mehr an die wechselvolle Geschichte dieses ehemaligen Unterweltcafés. Inzwischen ist es zu einem Hipster-Lokal mutiert.

Ursprünglich war dieses Kaffeehaus Teil eines wahnwitzigen Projekts am Ende der österreichisch-ungarischen Monarchie. Das Gebiet zwischen Praterstern, Ausstellungsstraße und Prater-Hauptallee – der Kaisergarten – war dafür vorgesehen. Man baute kurzerhand die Lagunenstadt nach: »Venedig in Wien«. Drei große Campi (Plätze) umgaben die Anlage, die wiederum mit Kopien historischer Palazzi umrahmt waren. Dazu ein Kanal von einem Kilometer Länge, auf dem echte venezianische Gondeln mit originalen Gondolieri die begeisterten Wiener auf und ab schipperten. Jedes Jahr wurde dieses Wahnsinnsprojekt um eine Attraktion erweitert, 1897 um das Riesenrad, das Wahrzeichen des Praters, erbaut anlässlich des 50-jährigen Thronjubiläums von Kaiser Franz Joseph I. Zwar waren die Wiener schnell zu begeistern, aber ebenso schnell verpuffte das Interesse auch wieder. »Venedig in Wien« schlitterte in den Konkurs.

Übrig blieb der »Dogenhof« mit der imitierten Fassade des venezianischen Palazzos Ca' d'Oro mit den gotischen Kreuzblumen und dem Markuslöwen über dem Eingang. Im Laufe der Jahrzehnte wandelte sich das Kaffeehaus zu einem Unterwelttreffpunkt. Die Atmosphäre im Lokal: eine Mischung aus Alt-Wien mit ein bisschen Italien, garniert mit dem Charme der 1950er, 1960er, 1970er und 1980er Jahre und des Ostblocks, serviert mit einem gewissen Maß an Grant und Unfreundlichkeit. Die ehemalige griechische Besitzerin wachte mit Argusaugen über ihren Kosmos, unterstützt von ihrer Promenadenmischung, die jeden Eintretenden vorsichtshalber gründlich verbellte. Natürlich kehrten hier immer wieder die »Wilde Wanda« und andere Unterweltkapazitäten ein. Was jedoch ausbaldowert wurde, darüber schweigt die Chronik.

Adresse Dogenhof, 2. Bezirk, Praterstraße 70 | ÖPNV U1, Station Praterstern

32 Kusch oder tot?

Das Phantom

In der Nacht vom 24. auf den 25. Juli 1986 knallten vor dem Wachzimmer in der gottverlassenen Gegend am Freudenauer Hafen zwei Schüsse. Revierinspektor Friedrich Roger versah allein Dienst, wurde herausgelockt und mit einem Kopfschuss liquidiert. Gegen 4.30 Uhr fand ein Zollwachebeamter die Leiche des Polizisten.

Der Mörder raubte Funkgerät, Handschellen und die Dienstwaffe mit Munition, flüchtete mit dem Privat-Pkw des Polizisten. Noch am selben Tag wurde das Auto in Simmering (11. Bezirk) gefunden. Doch keinerlei Fingerprints des Täters. Das Motiv für den Polizistenmord blieb im Dunkeln. Die wildesten Spekulationen machten die Runde. Geschossen wurde mit einem Sturmgewehr 58, einer Bundesheerwaffe, die gestohlen worden war. Die Kriminalbeamten fanden heraus, dass mit derselben Waffe im Mai 1984 eine Tankstellenpächterin erschossen und im Juli auf eine Polizeistreife gefeuert worden war.

Am 30. September 1986 rettete sich die Prostituierte Brigitte Hranka in der Trabrennstraße im letzten Augenblick aus dem Auto eines Freiers, der, wie er ihr gesagt hatte, Huren hasse und sie erschießen werde. Zuerst musste der Hund der Frau dran glauben. Dem Täter gelang die Flucht. Dabei verlor er ein Magazin, das die Kriminalbeamten der Waffe des ermordeten Polizisten zuordnen konnten. Zwei Jahre stockten sämtliche Ermittlungen. Am 9. September 1988 wurde Hranka nachts auf dem Autostrich in der Trabrennstraße mit einer Pumpgun erschossen. Zwei Monate später konnte der mehrfache Bankräuber und mutmaßliche Dreifachmörder Johann Kastenberger geschnappt werden. Doch der Mann flüchtete einen Tag später aus dem Polizeigewahrsam. Als »Pumpgun-Ronnie« ging Kastenberger in die österreichische Kriminalgeschichte ein. Bei seinen Raubzügen war er stets mit einer Ronald-Reagan-Maske maskiert und mit einer Pumpgun bewaffnet. Die Mordfälle Roger und Hranka sind bis heute ungeklärt.

Adresse 2. Bezirk, Trabrennstraße; Wachzimmer (inzwischen aufgelöst): 2. Bezirk, Freudenauer Hafenstraße | **ÖPNV** U 2, Station Krieau

33_Um keinen Schmäh verlegen

»Wir waren alle am Klo«

Bis heute konnte nicht geklärt werden, was am 9. Mai 1968 tatsächlich geschah. Seit Mitte der 1950er Jahre kontrollierten Josef »der G'schwinde« Angerler und sein Adjutant Josef Krista, bekannt als »Notwehr-Krista«, das verbotene Stoßspiel und somit die Unterwelt. Noch im Oktober 1964 waren beide beste Freunde. Heinz Karrer, Besitzer des Café Jo-Jo in der Ausstellungsstraße, tanzte aus der Reihe. Zuerst lauerte Karrer seinem Feind Angerler auf und schoss. Eine Nacht später rächten sich Angerler und Krista und ballerten in der Ausstellungsstraße zurück. Alle drei wanderten hinter Gitter.

Krista kam als Erster wieder frei und spielte den Boss, was Angerler überhaupt nicht passte. Er drohte Krista mit dem Tod. Der »G'schwinde« gewann wieder die Oberhand, als einige von Kristas *Bugln* (Leibwächtern) in den *Häfen* (Gefängnis) mussten. Krista übersiedelte ins Café Kolonitz, der 2. Bezirk war ihm zu heiß geworden. Am 9. Mai 1968 kam Krista ins Café, wo bereits Angerler, sein Sohn Friedrich und dessen Verlobte Hermine Witlaschek auf ihn lauerten. Vergeblich versuchte die Lokalpächterin, Krista zu warnen. Nach der Schießerei war Witlaschek tot, Angerler war in den Rücken getroffen worden, Krista hatte ein Bein verloren.

Im Prozess kam die Rede auf einen gewissen Johann Supper. Er sollte als Zeuge aussagen, war aber untergetaucht. Später gab Supper an, dass er an jenem Abend mit Norbert Schmutzer, einer Meidlinger Unterweltgröße, und dessen Freundin in besagtem Café gewesen sei. Natürlich habe er, wie die übrigen 20 Zeugen, nichts von einer Schießerei bemerkt. Schließlich seien sie alle am Klo gewesen. Krista wurde wegen Mordes verurteilt, Angerler zu einer mehrjährigen Haftstrafe. Krista, der Notwehrspezialist, beging in seiner Zelle Selbstmord. Angerler konnte keinen Nutzen mehr daraus ziehen. Wenig später verstarb er 53-jährig an einem Herzinfarkt in der JVA Stein.

Adresse Café Kolonitz, 3. Bezirk, Bechardgasse 2 | **ÖPNV** U 3, Station Landstraße, über Landstraßer Hauptstraße und Gärtnergasse in die Bechardgasse; oder U 1, Station Praterstern, dann Straßenbahn O bis Radetzkystraße, über Radetzkyplatz und Löwengasse in die Bechardgasse

34 Im Schleich

Alles war zu bekommen

Wenige wissen, dass sich im Resselpark nach Kriegsende 1945 in kurzer Zeit ein gewaltiger Schwarzmarkt etablierte, der bis zum Naschmarkt reichte. Im Schleich war alles zu bekommen. Sofern man zahlen konnte. Vorzugsweise mit Zigaretten oder Saccharin, dem synthetischen Süßstoff. Geld besaß kaum jemand. Und jene, die über Bares verfügten, waren meist zwielichtiger Natur. Sobald die »Vier im Jeep«, alliierte Patrouillen im besetzten Wien, auftauchten, stob die Menge auseinander. Meist gingen nur kleine Fische ins Netz.

Ungekrönter König der Unterwelt war Benno Blum mit seiner Bande. Sein richtiger Name lautete Nikolai Borrisow, 1910 in Rumänien geboren. 1947 verschlug es ihn nach Wien, und er zog einen florierenden Schmuggel mit amerikanischen und britischen Zigaretten auf. Zuerst landeten die Zigaretten in Tanger, Marokko. Dann ging es per Schiff nach Italien und per Bahn nach Budapest.

Nach dem Entladen in Österreich arrangierte Blum einen Deal mit den Sowjets. Korrupte Offiziere ließen sich gern darauf ein. Die Zigaretten wurden mit Lastwagen nach Niederösterreich verbracht, und die Bande übernahm die Ladungen. Allerdings blieb das dem KGB nicht verborgen. Ein neuerlicher Deal mit Blum. Er erhielt das Monopol des Zigarettenschmuggels, und die Gegenleistung lautete Menschenraub. Wien war die Drehscheibe der Spionage im beginnenden Kalten Krieg. Für schnelles Geld wurden viele Wiener zu Spitzeln. An die 30 Kidnapping-Fälle gingen auf das Konto der Blum-Bande. Er selbst wurde zu einem steinreichen Mann. Viele der Verschleppten landeten in einem Kellergefängnis in der Plößlgasse 4 unweit des Resselparks. Blum fuhr stets im schwarzen Chevrolet mit verhängten Scheiben, chauffiert von Josef Krista, dem späteren Unterweltboss. Benno Blum war für Graham Greene das Vorbild für Harry Lime im »Dritten Mann«. Blum blieb ein Mysterium, genauso wie sein Tod.

Adresse 4. Bezirk, Resselpark; 4. Bezirk, Plößlgasse 4 | ÖPNV U 1, Station Karlsplatz, Ausgang Resselpark; U 1, Station Karlsplatz, Ausgang Oper, dann Straßenbahn D, Station Plößlgasse

35 Die Dealer-Passage

Ant'n-Willis Revier

Bis in die 2000er Jahre beschleunigten Passanten ihre Schritte im Resselpark und in der Karlsplatzpassage. Rund um die Uhr lungerten Drogenabhängige herum, brachen zusammen und starben. Vorwiegend versorgten sich die *Pulverdeppen* (Medikamentenabhängigen) mit Tabletten, die stückweise verkauft wurden. Natürlich war auch gestrecktes *H* (Heroin) zu bekommen. Selten war die Droge in einem Briefchen enthalten. Oftmals wurde mit Waschpulver und anderen Substanzen, sogar mit Mauerputz, gestreckt. Koks (Kokain) war rar, da schlicht zu teuer. Die gängige Ware waren *Rohyperln* (Rohypnol) und *Ant'n* (Antapentan).

Einer der erfolgreichsten Dealer war Ant'n-Willi. Stets war er hinkend mit Krücken unterwegs. Eine weitere Drogenquelle war seine Parterrewohnung in Ottakring beim Schumeierplatz. Rotzig steckte ein Pappschild hinter der Scheibe: Parteiverkehr von 14 bis 16 Uhr. Ansonsten saß er gleich neben seiner Wohnung in seinem Stammlokal. Immer dabei: zwei sehr unfreundliche Pitbulls.

Im Polizeikommissariat Passage verzweifelten oftmals die Polizisten. Natürlich wussten sie, dass Ant'n-Willi und die anderen Dealer nicht koscher waren. Unzählige Male wurden sie perlustriert, und ebenso oft musste man sie wieder laufen lassen. Es waren keine Tabletten und keine Drogen zu finden. Die Dealer nutzten jedes nur denkbare Versteck in der Umgebung als Bunker. Selbst hinter die Blätter der Sträucher und Büsche klebten sie ihre Drogenbriefchen mit Tixoband. Das ist der Grund, weshalb das Buschwerk im Resselpark radikal zusammengestutzt wurde. Oder die Drogen wurden in den öffentlichen Mülleimern versteckt. Eines Tages nahm ein cleverer Polizist Ant'n-Willis Krücken näher unter Lupe. Er zog die Gummistoppel herunter, und plötzlich rieselten die Tabletten heraus. Der Stadt Wien gelang es, die Drogenszene von diesem Ort fernzuhalten. Doch das Problem besteht weiter. Es hat sich nur verlagert.

Adresse Karlsplatzpassage, 1. und 4. Bezirk, Resselpark | **ÖPNV** U 1, U 2, U 4, Station Karlsplatz, Ausgang Resselpark

36 Der KGB lässt grüßen

»Cambridge Five«

Ihre Eltern, säkularisierte Juden, lebten in der Petzvalgasse 4 im 4. Bezirk. Edith Suschitzky wurde 1908 geboren. Der Vater betrieb mit seinem Bruder eine Buchhandlung in der Favoritenstraße 57 (10. Bezirk). Nach dem Ersten Weltkrieg wurde Edith wegen ihrer angeschlagenen Gesundheit im Rahmen der Kinderlandverschickung nach Schweden gebracht. Mit 16 Jahren absolvierte sie eine Ausbildung zur Montessori-Pädagogin. 1925 reiste sie für ein Praktikum nach England.

Nach ihrer Rückkehr nach Wien hatte Edith ein Verhältnis mit dem kommunistischen Agenten Arnold Deutsch. 1928 begann ihr Studium am Bauhaus in Dessau, sie spezialisierte sich auf Fotografie. Sie kehrte nach England zurück, wurde jedoch im Jänner 1931 abgeschoben, da ihr die Briten Kontakte zu englischen Kommunisten nachgewiesen hatten. Inzwischen war Edith mit dem britischen Kommunisten Alexander Tudor-Hart liiert. Wieder in Wien erhielt sie das Angebot, für die sowjetische Nachrichtenagentur TASS zu fotografieren. Im Mai 1933 wurde Edith festgenommen, Fotos und Negative wurden beschlagnahmt. Bald wieder in Freiheit, heiratete sie Alexander Tudor-Hart. Das Ehepaar emigrierte nach Wales. Edith und ihr Mann, der als Arzt arbeitete, unterstützten geflohene Juden. Die Ehe scheiterte, und Edith schlug sich mit ihrem autistischen Sohn allein durch.

Eine ihrer Freundinnen war Lizzy Friedmann, Ehefrau von Kim Philby, einem späteren britischen Doppelagenten. Über Ediths Vermittlung warb der KGB-Spion Arnold Deutsch Philby 1934 für die Sowjets an. Daraus entstanden die »Cambridge Five«, eine erfolgreiche Agentengruppe, die im Zweiten Weltkrieg in England für Stalin spionierte. Edith fungierte als Kurierin und Fotografin. Obwohl seit 1931 im Visier des MI5, wurde sie nicht enttarnt und betrieb ihre Spionage bis in die 1960er Jahre. Ihren Lebensabend verbrachte sie in Armut in Brighton, wo sie 1973 starb.

Adresse 4. Bezirk, Petzvalgasse 4 | ÖPNV U 1, Station Hauptbahnhof / Südtiroler Platz, Ausgang Favoritenstraße, über Wiedner Gürtel in die Petzvalgasse

37 Wan Tan und Acht Schätze

Die Teigtaschen-Mafia

In den letzten Jahren flogen immer wieder Wohnungen auf, in denen illegal und unhygienisch Teigtaschen für China-Restaurants produziert wurden. Diese Chinesen stehen auf der untersten Sprosse in der Hierarchie der Triaden, der chinesischen Mafia. Triaden gehen bis ins Jahr 25 nach Christus zurück. Die kriminellen Organisationen umfassen Mitgliederzahlen im fünfstelligen Bereich. Geduldet vom chinesischen Regime.

Im Bereich Kettenbrückengasse und teilweise am Naschmarkt hat sich längst ein »Chinatown« etabliert. Für die Polizei ein Buch mit sieben Siegeln. Chinesen lassen sich nicht die Karten blicken. Probleme werden untereinander geregelt. Der lange Arm der Triaden reicht weit. Sie sind in allen kriminellen Bereichen tätig, von Produktpiraterie über Menschenhandel bis hin zu allem, was das Strafgesetzbuch sonst noch verbietet. Triaden sind straff organisiert. Keiner kennt die Bosse. Nur die oberen Chargen wissen, wer *489* ist. Keine Namen, nur Zahlen. Öffentliche Unterhaltungen finden in Zeichensprache statt, die nur Eingeweihte verstehen. Wird doch ein Mitglied verhaftet, nennt es nicht einmal seinen Namen. Zu groß ist die Angst vor dem langen Arm. Anhand der Tätowierungen lässt sich unter Umständen klären, welchen Rang der Mann einnimmt.

In den meisten China-Restaurants fallen Aquarien und unterschiedlich große Buddha-Figuren auf. Dekoration, denken die Gäste, genießen Wan Tan Suppe und Acht Schätze. Die Anzahl der Fische und der Figuren zeigt an, wie viel Schutzgeld der Inhaber an den Eintreiber zu zahlen hat. Für die Lokalbetreiber gibt es nur einen zentralen Einkaufsort für die benötigten Waren. Selbst in abgelegenen Orten in der Provinz gibt es China-Lokale. Kaum Gäste, kaum Einnahmen, daher schlechte Umsätze. Nichts weiter als Waschanlagen für Geldwäsche mit einem ausgeklügelten Zahlungssystem. Jedes Restaurant kann zugleich eine Untergrundbank sein.

Adresse 4. Bezirk, Kettenbrückengasse | **ÖPNV** U 4, Station Kettenbrückengasse

38 Wer abzweigt, stirbt

Außer man ist lebensmüde

In der Nacht des 19. Septembers 1994 wurden die Anrainer einer Wohnhausanlage im 19. Bezirk aus dem Schlaf gerissen. Ein BMW rammte zuerst drei parkende Autos in der Felix-Dahn-Straße und kam danach in der Hecke in der Peter-Jordan-Straße 121 endgültig zum Stehen. Doch es war kein Verkehrsunfall. Hinter dem Lenkrad saß der von zwölf Kugeln durchsiebte Sergej Hodscha-Achmedow. Da die Maschinenpistole mit Schalldämpfer ausgerüstet war, hatte niemand die Schüsse gehört. Der Leningrader hatte offiziell zwei Firmen für Autoteile in Währing und Favoriten betrieben. Allerdings dienten diese Betriebe nur der Geldwäsche. Tatsächlich hatte Achmedow mit Mädchenhandel sein Einkommen erzielt und Bordelle mit Frauen aus dem untergegangenen Ostblock beliefert, so die heute nicht mehr existierende Rotenturm-Bar in der Innenstadt.

Zuerst vermutete die Kriminalpolizei, dass die heimische Unterwelt hinter dem Anschlag steckte. Ermittlungen stießen auf eine Mauer des Schweigens. Erst 1995 wurde der tatsächliche Killer, ein junger Russe, zufällig bei seiner Einreise aus Ungarn nach Österreich geschnappt. Der Auftragsmörder hatte läppische 10.000 Schilling erhalten. Dafür saß er in Österreich mehrere Jahre in Haft. In der Nacht nach dem Urteil flog als Warnung ein Dienstwagen der ermittelnden *Kiberer* in die Luft. Zum Glück nur Sachschaden. 1996 gingen drei Hintermänner ins Netz, erhielten lebenslang beziehungsweise 15 Jahre. Achmedow soll Mafiagelder unterschlagen haben.

Vielfach werden die Behörden bei Ermittlungen gegen die Ostmafia zurückgepfiffen. Zu heikel sind manche politische Verwicklungen bis in höchste Regierungskreise. Oligarchen betrachten Wien und ganz Österreich als Ruhepol, wo man gut leben kann und ungestört ist. Wie beispielsweise Oleg Deripaska oder Roman Abramovich. Oder wie der Ukrainer Dmytro Firtash, den die USA unbedingt haben wollen, der aber nicht ausgeliefert wird.

Adresse 18. Bezirk, Peter-Jordan-Straße 121 | ÖPNV U 2, Station Schottentor, dann Bus 40A, Station Peter-Jordan-Straße

39 Red Mercury

Auf der Jagd nach einem Phantom

1992 war der ehemalige Ostblock ein Eldorado für Glücksritter und dubiose Geschäftsleute. Ressourcen wurden frei, die sich vor dem Zusammenbruch des Kommunismus in staatlichen und militärischen Händen befunden hatten. Plötzlich konnten Scud-Raketen, Raketenwerfer, nukleares Material und Baupläne für Atomwaffen auf dem freien Markt gekauft werden. Der Jugoslawien-Krieg war ausgebrochen, ideal für zwielichtige Geschäfte. In renommierten Wiener Hotels stiegen internationale Waffenhändler ab und warteten auf ein Phantom. *Red Mercury*, rotes Quecksilber, sollte beim Atombombenbau eine wichtige Rolle spielen. Doch es gab keine chemische Substanz, die diesen Namen führte. Ein Betrug. Interessenten wurde herkömmliches graues Quecksilber angedreht.

In einem Hotel in der Wienzeile weilte bereits einen Monat lang eine deutsche Waffenhändlerin aus Nürtingen, verheiratet mit einem italienischen Mafioso. Der Direktion war dieser Gast unheimlich. Eigentlich kam die Dame kaum aus ihrem Zimmer, dafür hing sie stundenlang am Telefon. Doch sie bezahlte stets pünktlich. Die Auswertung der Telefondaten ergab, dass der Großteil der Gespräche mit Jugoslawien geführt wurde.

In der Nähe des Westbahnhofs wartete ein belgischer Waffendealer auf das Phantom, aber auch auf Plutonium. Ein weiterer Aspekt in diesem gewaltigen Betrug. In damaligen Feuermeldern steckte ein Bolzen, in dessen Kopf sich jeweils eine winzige Menge Plutonium befand, damit dieses Ding im Ernstfall überhaupt ansprang. Man hätte Unmengen an Feuermeldern gebraucht, um daraus waffenfähiges Plutonium zu gewinnen. Natürlich wusste die Staatspolizei Bescheid. Dahinter steckten Jugoslawen und vermutlich ein Wiener Lokalbesitzer. Hausdurchsuchungen folgten. Einer der führenden jugoslawischen Köpfe wurde verhaftet.

Letztendlich erwiesen sich alle Indizien jedoch nur als riesige Seifenblase.

Adresse 4. Bezirk, Wienzeile | ÖPNV U 4, Stationen Kettenbrückengasse, Pilgramgasse

40 Bei der alten Dame

Nur der Reibach zählt

Wenn jemand den Mauerfall nicht goutierte, dann war das sicherlich Rudolfine Steindling, eine ältere Dame mit einem ausgeprägten Sinn für große Geschäfte und besten Beziehungen zur DDR-Staatsführung. Allen voran zum Devisenbeschaffer Alexander Schalck-Golodkowski und der *KoKo* (Kommerziellen Koordination).

Die Wienerin war am Beginn der 1990er Jahre im Zuge des Chaos der Wiedervereinigung offiziell Treuhänderin der KPÖ. In derselben Position war sie für die Ostberliner Handelsgesellschaften *Novum* und *Transcarbon* tätig. In dieser Umbruchszeit gelang es Steindling, knapp 3,5 Milliarden Schilling über Konten in Wien und Zürich zu verschieben, sodass die deutschen Behörden durch die Finger guckten. Mit drin hing die ehemalige österreichische Länderbank. Steindling war sakrosankt. Die Spitzen der österreichischen Politik und Wirtschaft verkehrten mit der »Roten Fini«. Es dauerte Jahre und zahllose Endlosgerichtsverfahren, um diesen gordischen Knoten halbwegs aufzudröseln. Mit dem Ergebnis, dass rund 130 Millionen Euro verschollen sind.

Wem gehörten Novum und Transcarbon tatsächlich? Die KPÖ behauptete, sie wären ihr Eigentum. Somit wären die unbedeutenden österreichischen Kommunisten die reichste Partei in der Alpenrepublik. Auch die DDR erhob Anspruch auf die beiden Handelsfirmen. Somit waren Novum und Transcarbon nach der Wiedervereinigung im Besitz Deutschlands. Den Schwarzen Peter erbte die Bank Austria (UniCredit Bank Austria) als Nachfolgerin von Länderbank und Zentralsparkasse. Sie wurde mit Schadenersatzforderungen von knapp 130 Millionen Euro konfrontiert. Eine endlose Geschichte, die bis heute nicht ausgestanden ist. Natürlich handelte es sich um abgezweigtes SED-Vermögen. Als der »Roten Fini« der Boden zu heiß wurde, übersiedelte sie nach Tel Aviv, wo sie 2012 mit 78 Jahren starb. Bestattet wurde sie im Neuen Israelitischen Teil des Wiener Zentralfriedhofs.

Adresse 13. Bezirk, Zentralfriedhof, Neuer Israelitischer Teil | ÖPNV U 3, Endstation Simmering, weiter mit Straßenbahn 71, Station Zentralfriedhof, 4. Tor

41 Der Undurchsichtige

Der Teflon-Mann

Grigorij L. ist eine schillernde, geheimnisvolle Persönlichkeit russisch-jüdischer Abstammung. Bis 1996 residierte er im 4. Bezirk. Er leitete als Präsident die halbstaatliche russische Firmengruppe *Nordex* mit jährlichen Milliardenumsätzen. Die Gerüchte verstummen bis heute nicht, L. ist ein gewichtiger Mafiapate, Geldwäscher und ehemaliger KGB-Agent.

Seine Biografie liest sich, ob wahr oder geschönt, äußerst spannend. So soll Gorbatschow L. 1989 persönlich beauftragt haben, im Westen ein Unternehmen aus dem Boden zu stampfen, um die russische Wirtschaft wieder auf Vordermann zu bringen. Ausgerechnet Wien kam in den Genuss. Binnen kürzester Zeit arbeiteten in 135 Tochtergesellschaften in Ost und West 8.000 Leute für L. und die Nordex, scheffelten Milliarden mit Rohstoffen, Öl und Düngemitteln. Weder CIA, MI6 noch BND glaubten die offizielle Version. Vielmehr hielten die Geheimdienste das Firmengeflecht für eine riesige Waschanlage, um verschwundene 20 Milliarden Dollar der KPdSU zu legalisieren. Jahrelange Beobachtungen der Schlapphüte und der Interpol blieben erfolglos. Es fehlten die Beweise, um L. in Bedrängnis zu bringen. Trotzdem machte die CIA mit L. Geschäfte. L. soll für die Amis ein Exemplar des russischen Luftabwehrsystems SS-300 organisiert haben.

Nach 1996 kehrte L. nach Moskau zurück. Vorher waren sämtliche Konten in der Ersten Österreichischen Sparkasse, der Hausbank der Nordex, geräumt worden. Angeblich, so L., auf Aufforderung des MI6 und des österreichischen Innenministeriums hin. 2002 wollte die Antimafia-Kommission in Bologna L. an den Kragen. Gegen 110 mutmaßliche Angehörige der Russenmafia wurden in Europa und in den USA Haftbefehle verhängt. Auch gegen L. 60 gingen den Fahndern ins Netz, L. war nicht darunter, taucht aber in unregelmäßigen Abständen in österreichischen Berichten auf. Auch im Zusammenhang mit jüngsten Polit-Skandalen.

Adresse ehemalige Nordex, 4. Bezirk, Prinz-Eugen-Straße 55 | **ÖPNV** U 1, U 2, U 4, Station Karlsplatz, Ausgang Oper; oder Straßenbahn D, Station Plößlgasse oder Belvederegasse

42 Der Dufflecoat (1)

Der Cadbury-König

Johann Arthold war ein zwielichtiger Kaufmann, der nach 1945 im Schleichhandel reich wurde. Allerdings blieb vom Reichtum nicht viel übrig, da er über seine Verhältnisse lebte und Unsummen bei Pferdewetten verlor. Eine Ehefrau und zwei halbwüchsige Kinder waren zu versorgen. Die Familie lebte in der Schottenfeldgasse 56. Arthold war ein notorischer Seitenspringer. 1952 besaß der Cadbury-König nur mehr ein mickriges Lebensmittelgeschäft in der Alser Straße 7a. Der Spitzname stammte von einer britischen Schokolade, die die Amis in der Besatzungszeit den notleidenden Wienern in den CARE-Paketen schickten.

Mit Zigaretten war 1952 nichts mehr zu verdienen. Arthold stieg auf Rauschgift um. In der Nacht des 21. Novembers bemerkte ein Polizist den halb heruntergezogenen Rollbalken von Artholds Geschäft: Einbruch. Im Abstellraum brannte Licht. Der Polizist hielt Nachschau und fand den 44-jährigen Arthold mit eingeschlagenem Schädel. Die Tatwaffe: ein Fleischwolf. In den Taschen seines Ledermantels waren zwei Straßenbahnfahrscheine. Artholds letzte Fahrt konnte rekonstruiert werden. Er war mit einer Frau von Grinzing in die Alser Straße gefahren.

Eine Schaffnerin konnte sich genau an das Paar erinnern. Seine Begleiterin wurde ermittelt. Die 23-jährige ehemalige Kinderschwester, Tänzerin und Gesellschaftsdame – heute heißt es Callgirl – Adrienne Eckhardt gab zu, mit Arthold beim Heurigen gewesen zu sein und danach noch mit ihm im Laden ein Bier getrunken zu haben. Gegen Mitternacht war sie angeblich nach Hause in die Neubaugasse gegangen, wo sie als Untermieterin bei einem Artisten wohnte.

Doch die Kriminalpolizei nahm ihr diese Geschichte nicht ab. Eckardt blieb in U-Haft. Für die Zeitungen war der Mord am Cadbury-König, der in Wien kein Unbekannter gewesen war, ein gefundenes Fressen. Der Boulevard schrieb von der »Mörderin mit dem Engelsgesicht«.

Adresse 8. Bezirk, Alser Straße 7a | ÖPNV U 2, Station Schottentor, dann Straßenbahn 43, Station Landesgerichtsstraße

43_Wer war Bertini? (2)

Oder war sie doch die Mörderin?

Adrienne Eckardt widerrief ihre Aussage. Nach dem Heurigenbesuch und dem Bier im Laden habe es geklopft. Ein ihr unbekannter Mann, der den Kaufmann gekannt habe. Sie erzählte vom Café Filmhof, einem Nachtlokal, in dem sie arbeitete. Laut ihren Aussagen wollte Arthold dem Mann 6.000 Schilling zurückzahlen, pumpte ihn aber um weitere 10.000 Schilling an. Plötzlich zog der Fremde ein Eisenstück hervor und schlug Arthold nieder. Adrienne musste ein Messer holen, da der angebliche Mörder Arthold noch die Kehle durchtrennen wollte. Sie beteuerte, unschuldig zu sein. Warum sie sich nicht freiwillig gestellt habe, fragte man sie. Man hätte ihr nicht geglaubt, sagte sie.

Eckardt nahm es mit Männern nicht so genau. Sie war ständig *stier* (pleite), Stammgast im *Pfandl* (Pfandleihe). Am 4. Dezember 1952 legte sie ein Geständnis ab: Sie sei die alleinige Mörderin. Arthold habe sie zu abartigem Sex zwingen wollen. Sie habe einen Fleischwolf aus der Wohnung ihres Untermieters gestohlen, ihn in Artholds Geschäft deponiert und sich auf das Treffen eingelassen. Somit schien der Fall geklärt. Anfang Februar 1953 ihr neuerlicher Widerruf. Sie habe gestanden, um ihre Ruhe zu haben. Außerdem wolle sie vor ihrem Kind nicht als Mörderin dastehen.

Konstantin Bertini kam ins Spiel. Sie hatte ihn wegen eines Morphiumdeals an Arthold vermittelt. Wegen der Schulden soll es zum tödlichen Streit gekommen sein. Ihrer Beschreibung zufolge war der Mörder mit einem Dufflecoat bekleidet. Plötzlich war jeder, der damit herumlief, verdächtig. Bertini war ein Hirngespinst.

Der Sensationsprozess 1953 endete für Eckardt mit lebenslang. Ihr Anwalt Michael Stern schaffte es, in der Berufung die Strafe auf 20 Jahre zu senken. Im Zuge einer Weihnachtsamnestie ging Eckardt 1967 frei. Gerüchten zufolge soll sie nach England verschwunden sein.

2006 hieß es, sie lebe mit neuer Identität in Oberösterreich.

Adresse ehemaliges Café Filmhof, 7. Bezirk, Neubaugasse 36 | **ÖPNV** U3, Station Neubaugasse, kurzer Fußweg durch die Begegnungszone Neubaugasse; oder Straßenbahn 49, Station Westbahnstraße / Neubaugasse

44 Vollzugsende: Der Tod (1)

Ein Polizist dreht durch

Bis in die 1980er Jahre war das »Tivoli« in der Meidlinger Hauptstraße eines der bekanntesten Kaufhäuser Wiens. In der Nacht des 16. Aprils 1968 gelangte es zu trauriger Berühmtheit. Es knallte in der Tiefgarage. Der 24-jährige Polizist Ernst Karl hatte geschossen. Ein Einbrecher war sofort tot, sein Komplize starb im Krankenwagen. So lautete Karls Notwehrversion. Er hatte die beiden mit sieben Körper- und Kopfschüssen außer Gefecht gesetzt. Dies machte das Sicherheitsbüro stutzig. Zudem meldeten sich zwei Frauen und weitere Zeugen. Der Polizist wurde vom Helden zum Täter. Karl war schwul. In dieser Zeit galt Homosexualität als Verbrechen. Ein *warmer* Polizist – undenkbar! Karl war von den beiden Männern erpresst worden und lockte sie in die Garage, um sie zu töten.

Karls Tragödie begann im Oktober 1967. Während einer Verkehrskontrolle stellte er einem Autofahrer ein Strafmandat aus. Im Wagen saß auch der 22-jährige Kleinkriminelle und Stricher Johann Kihsl, der schwule Männer erpresste. Zufällig trafen der Polizist und Kishl acht Wochen später in einem Schwulenlokal erneut aufeinander. Der Stricher drohte, Karl hochgehen zu lassen, und forderte 1.000 Schilling Schweigegeld. Karl zahlte, der Erpresser forderte immer mehr. Der Polizist verschuldete sich, wurde gepfändet. Kihsl benutzte Karl für Erpressungen, schickte ihn zu schwulen Männern. Ein Geschäftsmann stellte einen 10.000-Schilling-Scheck aus, den Kishl einlöste.

Aus Verzweiflung unternahm Karl im Dezember 1967 einen Selbstmordversuch mit Tabletten und landete bis Anfang Jänner 1968 in der Psychiatrie. Doch Kishl gab nicht auf, setzte Karl weiter unter Druck. Der *Strizzi* wollte mit seinem Kumpel Walter Pöttler in ein Meidlinger Postamt einbrechen. Karl sollte in Uniform Schmiere stehen. Er lehnte ab, sein Mordplan reifte. Karl redete den beiden eine todsichere Sache ein, im wahrsten Sinne des Wortes.

Adresse 12. Bezirk, Meidlinger Hauptstraße/Tivoligasse | ÖPNV U 4, Station Meidlinger Hauptstraße, dann Bus 9A, Station Haschkagasse; oder S-Bahn bis Bahnhof Meidling, dann Bus 15A, Station Tivoligasse

45_Der Vollstrecker (2)

Entweder-oder

Einen Einbruch in einen *Lincoln* in der Tivoli-Garage, da über Nacht in dem Wagen die Tageseinnahmen des Kaufhauses versteckt seien und erst am folgenden Tag in die Bank kämen. Kishl verlangte eine Waffe, und Karl übergab ihm seine private Pistole. Am Ostermontag, eine Stunde nach Mitternacht, fand sich Karl auf seinem Außendienst in der Garage ein. Kishl und sein Komplize suchten bereits vergeblich nach dem Lincoln. Karl gab sich zu erkennen, forderte von Kishl die Waffe. Doch der reagierte nicht. Karl liquidierte die beiden. Dem herbeigeeilten Garagenwärter erklärte der Polizist seine Notwehrgeschichte mit den Einbrechern. Bei der Befragung im Sicherheitsbüro sagte Karl, dass ihm ein blauer *Borgward* mit drei Männern aufgefallen sei, der um das Tivoli kreiste. Das Garagentor sei geöffnet gewesen, und er sei der Sache nachgegangen. Der *Borgward* wurde gefunden. Die Besitzerin kam mit einer Freundin eine Stunde nach dem Doppelmord in die Garage, sagte, das Auto sei ihr gestohlen worden. Sie verwickelte sich in Widersprüche und gestand, dass sie die Opfer gekannt und ihnen ihren Wagen geliehen habe. Die Frauen wussten, dass Kishl einen Polizisten erpresste.

Karl wurde am 15. Dezember 1969 wegen Doppelmordes zu 20 Jahren verurteilt. Dass er erpresst worden war, galt als Milderungsgrund. In der JVA Stein fiel er durch Gewaltausbrüche und psychotische Schübe auf. Im Jänner 1974 erwürgte Karl den Mädchenmörder Johann Rogatsch. Danach lautete das Urteil lebenslang. Noch einmal wollte Karl einen Wiener Unterweltler in Haft töten. Der Mann verübte später in seiner Zelle Selbstmord. Karl vegetierte in einer Einzelzelle im Hochsicherheitstrakt. Im Jänner 2001 dreht er erneut durch, verwüstete die Zelle, wurde auf ein Gurtenbett geschnallt und mit Psychopharmaka ruhiggestellt. Im Juni 2001 starb Karl an einem Darmverschluss. An seiner Zellentür stand »Vollzugsende: Der Tod«.

Adresse 12. Bezirk, ehemaliges Kaufhaus Tivoli im Bereich der U-Bahn-Station Niederhofstraße | **ÖPNV** U 6, Station Niederhofstraße

46 Vertuscht

Doch es kam ans Tageslicht

Der Gast, der im Nobelhotel Schloss Wilhelminenberg absteigt, weiß kaum etwas über die grauenhaften Ereignisse, die sich dort ereigneten. Er wird die Aussicht über die Stadt genießen und Spaziergänge unternehmen.

Ein Barockschloss existierte an dieser Stelle bereits seit Ende des 18. Jahrhunderts. Das Gebäude in seiner ursprünglichen Form gibt es nicht mehr. Es wurde abgerissen und durch ein Palais im Neoempirestil ersetzt. Im Ersten Weltkrieg diente es als Lazarett und Erholungsheim. 1926 erwarb die Stadt Wien das Schloss und richtete ein städtisches Kinderheim ein. Zwischen 1934 und 1938 residierten hier die Wiener Sängerknaben. Im März 1938 zogen die Nazis ein, übergaben die Liegenschaft der »Österreichischen Legion«, einer paramilitärischen Truppe, die vorwiegend aus ins Deutsche Reich geflüchteten österreichischen Nazis und ehemaligen SA-Männern bestand. Im Krieg war das Schloss wieder Lazarett. Danach ein Erholungsheim für ehemalige KZ-Häftlinge.

Zwischen 1961 und 1977 erlebte das Gebäude seine schwärzeste Zeit. Es wurde zu einem Heim für Sonderschülerinnen. Erst 2011 kam ans Tageslicht, was dort tatsächlich passierte. Die Mädchen wurden mit Drohungen und Schlägen gefügig gemacht und größtenteils als Sexsklavinnen verkauft. Die Opfer schwiegen jahrelang aus Scham, sind heute zerstörte Menschen. Der Skandal wurde zunächst vertuscht. Jene Erzieherinnen, die nicht die Augen verschließen wollten, wurden mundtot gemacht oder strafversetzt.

Unter dem öffentlichen Druck musste die Stadt 2011 klein beigeben. Eine Kommission untersuchte die längst verjährten Kriminalfälle. Die zuständige Magistratsabteilung hatte vom Missbrauch gewusst und nichts unternommen. Bis 1973 war Stadträtin Maria Jacobi zuständig gewesen, dann Gertrude Fröhlich-Sandner. Die Damen konnten nicht mehr befragt werden, sie waren verstorben. Die traumatisierten Opfer werden niemals vergessen können.

Adresse Hotel Schloss Wilhelminenberg, 16. Bezirk, Savoyenstraße 2 | ÖPNV U3, Station Ottakring, dann Bus 46B, Station Wilhelminenberg

47 Kinderseelenmassaker

Eine dubiose Liegenschaft

Kinder und Jugendliche wurden auch im Kinderheim Hohe Warte missbraucht. Nicht in dem Ausmaß wie im Schloss Wilhelminenberg. Dieses Heim war bedeutend kleiner, konnte nicht so viele Zöglinge aufnehmen. Natürlich schwieg man die Zustände tot und versuchte, sie zu vertuschen.

Erbaut wurde die Villa Hohe Warte in den Jahren 1907/08. Im Sommer 1946 wurde das Haus zum Rädda-Barnen-Kinderheim. Die Schweden quartierten bedürftige Kinder zwischen drei und sechs Jahren für jeweils sechs bis acht Wochen hier ein. Später übernahm die Stadt Wien dieses Heim. Nachdem die Stimmen immer lauter geworden waren, dass es dort nicht mit rechten Dingen zugehe, wurde das Heim geschlossen. Zehn Jahre lang stand das Gebäude leer, verfiel zusehends und verkam zu einem Schandfleck im vornehmen Nobelbezirk Döbling. Niemand fühlte sich zuständig.

Das verlassene Haus geriet immer wieder in die Schlagzeilen. Schließlich wurde die Villa unter dem damals zuständigen Wohnbaustadtrat und späteren Bundeskanzler Werner Faymann um 14 Millionen Euro verkauft. Doppelt so viel wie der ursprüngliche Schätzpreis. Ein äußerst fragwürdiges Geschäft mit schalem Beigeschmack. Der Käufer war der ehemalige kroatische General Vladimir Zagorec. Ein Kriegsgewinnler aus dem Jugoslawien-Krieg, ein Blutdiamanten- und Waffenschmuggler, der im größten österreichischen Bankenskandal der Zweiten Republik um die Hypo-Alpe-Adria in Kärnten kräftig mitmischte. In einem undurchsichtigen Deal erwarb später eine steirische Immobiliengruppe das Anwesen, um es letztendlich um angebliche 21 Millionen Euro an China zu verkaufen. Beijing brauchte das Gebäude, um seine UNO-Beamten zu stationieren. Auffällig, dass ausschließlich chinesische Arbeiter das marode Gebäude sanierten. Heute ist das Haus abgesichert wie Fort Knox. Kameras überwachen jeden Schritt der Passanten, die an der Villa vorbeigehen. Offen und sicherlich auch versteckt.

Adresse 19. Bezirk, Hohe Warte 1–3 | **ÖPNV** U 2, Station Schottentor, dann Straßenbahn 37, Station Barawitzkagasse

48 Dr. Frankenstein lebte

... und er kam ungeschoren davon

Der »Spiegelgrund« wird für alle Zeiten mit unvorstellbarer Grausamkeit verbunden sein. Seit 1907 befindet sich das Otto-Wagner-Spital, vormals das psychiatrische Krankenhaus, auf der Baumgartner Höhe. Im Volksmund Am Steinhof genannt, galt es als größtes und modernstes Irrenhaus. Die NS-Verbrecher sorgten für diesen fürchterlichen Ruf.

Bereits 1920 zeigten sich erste Anzeichen des späteren Horrors, als der Strafrechtsexperte Karl Binding und der Psychiater Alfred Hoche von »unwertem Leben« sprachen und dafür eintraten, unheilbar Kranke zu töten. Nachdem sich einige Mediziner in den Dienst der Nazis gestellt hatten, wurde Am Steinhof zu einem Schreckensort, wo mehr als 7.500 Patienten unter fürchterlichsten Umständen getötet wurden. Abartige und perverse Wissenschaftler tobten sich an Menschen aus. Im Pavillon 17 »Am Spiegelgrund« wurden Kinder untersucht und vorselektiert. Stand im Attest »unbrauchbar«, bedeutete es das Todesurteil. Im Pavillon 15 begann für die Opfer ein grausamer Leidensweg. Man missbrauchte diese wehrlosen Kinder für zahllose unsinnige medizinische und unethische »Experimente«, infizierte sie mit Krankheitserregern, spritzte ihnen Giftinjektionen oder ließ sie verhungern. Mindestens 789 Kinder starben.

Hauptverantwortlich war der Abteilungsarzt im Pavillon 15, Heinrich Gross. Er tötete selbst geistig und körperlich behinderte Kinder. Nach 1945 wurde er ein gefragter und angesehener Gerichtsgutachter.

Erst 1997 leitete die Justiz ein Verfahren wegen neunfachen Kindesmords gegen ihn ein. Der Prozess zog sich in die Länge, der inzwischen hochbetagte Mörder im weißen Kittel bestritt sämtliche Vorwürfe. 2005 starb er, die Aktendeckel wurden geschlossen. Im April 2002 bestattete die Stadt Wien die sterblichen Überreste der Euthanasie-Opfer vom Spiegelgrund am Zentralfriedhof. Heute ist der Pavillon V eine Gedenkstätte.

Adresse 14. Bezirk, Baumgartner Höhe 1 | **ÖPNV** U 6, Station Thaliastrasse, dann Bus 48A, Station Klinik Penzing; U 3, Endstation Ottakring, dann Bus 48A, Station Klinik Penzing; oder U 4, Station Ober St. Veit/Unter St. Veit, dann Bus 47A, Station Klinik Penzing

49_Brauner Terror

Das Hauptquartier der Mörder

Das Hotel Metropole wurde im Rahmen der Weltausstellung mit 360 Zimmern im Stil der Neorenaissance erbaut. Die Ausstellung erwies sich als Flop, doch das Hotel florierte. Bis im März 1938 die Nazis das Haus beschlagnahmten. Die jüdischen Familien Friediger und Klein waren Hauptaktionäre. Generaldirektorin Elisabeth Klein rettete es das Leben, dass sie zum Zeitpunkt des Anschlusses im Ausland weilte. Tochter Annemarie flüchtete nach Australien. Die Schwiegereltern Olga und Adolf Böhm hatten weniger Glück. Olga kam in Auschwitz ums Leben, Adolf in der Euthanasie-Anstalt Schloss Hartheim in Oberösterreich.

Im ehemaligen Hotel richteten die Nazis die Gestapo-Zentrale in der Ostmark ein. Mit nahezu 900 Schergen stieg diese Mörderzentrale rasch zur größten Leitstelle im Dritten Reich auf. Der Münchner Franz Josef Huber und sein Stellvertreter Karl Ebner leiteten dieses Schreckenshaus. Es herrschte Hochbetrieb. Täglich wurden Juden, Regimegegner und ausländische Zwangsarbeiter verhört und bestialisch gefoltert. Inhaftiert waren die Gefangenen im Polizeigefangenenhaus Elisabethpromenade. Für die Verhöre brachte man sie über den Seiteneingang in der Salztorgasse auf den Morzinplatz, um nicht zu viel Aufsehen zu erregen. Viele überlebten nicht, begingen Selbstmord oder wurden in die KZs deportiert. Noch am 8. April 1945, als Wien längst in Trümmern lag, kam der letzte Befehl. Die Offiziere Karl Biedermann, Alfred Huth und Rudolf Raschke wurden in der Prager Straße gehenkt, weil sie Wien der Roten Armee kampflos übergeben wollten.

Das ehemalige Hotel wurde 1948 wegen schwerer Bombenschäden abgerissen. Später kam von den 900 Gestapo-Massenmördern nur rund ein Drittel vor Gericht. Wenige Verurteilungen, keiner landete im Gefängnis. Ein Denkmal erinnert an die Stätte des Grauens. Eine Bronzefigur in KZ-Kluft steigt aus der Gruft: »Niemals vergessen. Hier stand das Haus der Gestapo«.

Adresse 1. Bezirk, Morzinplatz 4 und Salztorgasse 6 | ÖPNV U 1, U 4, Station Schwedenplatz

50 Die Gier ist ein Luder

Ein Talent falsch eingesetzt

Eigentlich hatte Peter von Bohr es nicht nötig. Als er 1845 erwischt wurde, betrug der Schaden circa eine Million Gulden. Geboren in Flandern, aufgewachsen bei einem Onkel, der sein Zeichentalent förderte. Von Bohr diente in der französischen Armee, danach verschlug es ihn von Frankfurt nach Linz in Oberösterreich und dann nach Wien. Er war Künstler, Geschäftsmann und mit einer gehörigen Portion an krimineller Energie ausgestattet. Über Jahrzehnte investierte er seine künstlerische Begabung in das Fälschen von Banknoten und ausländischen Kreditpapieren.

Nach dem Tod seiner ersten Frau kaufte er ein Haus in der Jägerzeile (heutige Praterstraße) und das Schloss Kottingbrunn in der Nähe von Wien. 1823 heiratete er eine Gräfin, verbrachte einige Zeit in Klagenfurt, verwaltete einen fürstlichen Besitz. Nach dem Konkurs kehrte er nach Wien zurück.

Im Schloss verkehrten der Adel und der Kaiser. Von Bohr war an verschiedenen Projekten und Gründungen beteiligt. Seine Sehkraft verschlechterte sich, für einen Fälscher extrem ungünstig. Gleichzeitig ein Schutz vor der Polizei. Er stand seit Jahren im Verdacht, aber es gab keine Beweise. 1845 tauchten vermehrt falsche 10- und 100-Gulden-Scheine auf. Letztendlich brach ihm seine Frau das Genick, als sie am Graben bei einem Juwelier mit einem Falsifikat bezahlen wollte. Sie wurde verhaftet, leugnete und gestand schließlich. Ihr Mann erhielt das Todesurteil, wurde jedoch von Kaiser Ferdinand begnadigt und erhielt acht Jahre Haft, in der er starb. Seine Frau kam mit zwei Jahren davon.

In der Tivoligasse 70 hatte von Bohr im »Banknotenhäusl« eine Fälscherwerkstatt eingerichtet. Beim Abbruch des Hauses 1906 entdeckte man im Keller ein männliches Skelett, das bereits 70, 80 Jahre dort lag. Ob von Bohr ein Geheimnis mit ins Grab genommen hatte oder ob es sich um einen anderen Kriminalfall handelte, blieb ungeklärt.

Adresse 12. Bezirk, Tivoligasse 70 | ÖPNV U 4, Station Meidlinger Hauptstraße, dann Bus 9A, Station Tivoligasse; oder S-Bahn bis Bahnhof Meidling, dann Bus 15A, Station Tivoligasse

51 Der Blaubart

»Ich bin doch nur ein Betrüger.«

Vielleicht waren Kopfverletzungen als Kind und später im Zweiten Weltkrieg Auslöser für Max Guflers Taten? Er arbeitete als Buchhändler in St. Pölten. Als Gufler 1951 eine Frau kennenlernte, schmiss er den Job, verdiente sein Geld in der Trafik des künftigen Schwiegervaters. Da Gufler und der Besitzer unter der *Budl* (Theke) verbotene pornografische Bilder an Kunden verkauften, landeten beide im Kittchen.

Wieder in Freiheit, beging Gufler an Heiligabend 1951 einen Überfall auf einen Juwelier in der Schulgasse 18. Gufler schoss ihm in den Hals. Das Opfer überlebte, und Gufler flüchtete unerkannt. Danach folgte der erste Mord im März 1952. In ihrer Wohnung in der Novaragasse erdrosselte Gufler eine Prostituierte und beraubte sie. Seine Masche war perfide. Er mischte unbemerkt ein Narkosemittel in ein Getränk. Im Juni 1958 tötete er eine weitere Frau und im September Maria Robas. Dem Serienmörder passierte ein fataler Fehler. In einem Brief an Robas' Ex-Mann schrieb Gufler, dass Maria bei einem Autounfall tödlich verunglückt sei. Das Schreiben war auf den 24. Oktober 1958 vordatiert, der Brief traf jedoch bereits am 23. ein.

In der Steiermark wurde eine Frauenleiche gefunden. Ein Kriminalbeamter vermutete einen Zusammenhang mit dem Brief. Erneut schlug Gufler im Oktober 1958 zu und tötete eine Frau. Als Vertreter konnte er sich leicht Zutritt verschaffen, trat als Heiratsschwindler auf. Seine Opfer waren stets vermögend, und die Liebe verflog schnell.

Anhand seines Kfz-Kennzeichens wurde Gufler verhaftet. Bei einer Hausdurchsuchung kamen untrügliche Sachbeweise zum Vorschein. Obwohl man sicher war, dass er weitaus mehr Morde auf dem Gewissen hatte, konnten ihm nur vier Morde und zwei Mordversuche nachgewiesen werden. Das Urteil lautete lebenslang. Gufler starb 1966 in der JVA Stein. 1918 war er in Krems-Stein geboren worden. So schloss sich der Kreis.

Adresse 18. Bezirk, Schulgasse 18 | **ÖPNV** U 6, Station Währinger Straße / Volksoper

52 Der Gasmann war da

… und brachte den Tod

Der korpulente Harald Sassak, Jahrgang 1948, gelernter Installateur, arbeitete als Pfleger im Krankenhaus Lainz. Wegen eines Verfehlens entlassen, wurde er Zuckerbäcker. Das gefiel ihm nicht, er kündigte. Seine neue Profession: Raubmörder. Er trat als Gaskassier auf, zeigte einen scheinbar gültigen Dienstausweis vor und durfte eintreten. Er war stets gut gekleidet, verfügte über Fachwissen, kontrollierte die Geräte. Beim Bezahlen beobachtete Sassak, wo das Geld aufbewahrt wurde, und schlug zu. Entweder mit der Faust oder mit der Handkante. Zwischen 1971 und 1972 tötete Sassak sechs Frauen und einen Mann im Alter von 66 bis 88 Jahren.

Manche Taten beging Sassak mit seinem Komplizen Johann Scharaditsch. Ein einziger Fingerabdruck konnte sichergestellt werden, passte aber nicht in die Verbrecherkartei. Trotz Warnungen der Polizei an die Bevölkerung konnte Sassak weiter wüten. Im Februar 1972 schlug Sassak im ehemaligen Wohnheim für Offizierswitwen in der Chrudnergasse zu. Gegen 1 Uhr nachts brach er ein, würgte und vergewaltigte eine 83-Jährige. Danach war die Zimmernachbarin dran. In beiden Fällen war die Beute gering, Sassak flüchtete. Das zweite Opfer erkannte den Täter. Vor einem Monat war er als falscher Gaskassier in ihrer Wohnung gewesen. Die Polizei klapperte alle Lokale, Hotels und Pensionen in näherer Umgebung ab. Im Hotel Reiser erkannte ein Kellner den Mann auf dem Phantombild, und er wusste seinen Namen: Harald Sassak. Tatsächlich saß der Serienkiller im Hotel bei einem Glas Wein. Noch auf dem Weg ins Sicherheitsbüro gestand er drei Morde. Vor Gericht legte er ein volles Geständnis ab und verpfiff seinen Komplizen. Sassak erhielt 1974 lebenslang, Scharaditsch 18 Jahre. Sassak saß 42 Jahre, die längste Haft überhaupt.

Wegen einer sehr schweren Krankheit wurde er 2013 entlassen und starb im selben Jahr in einem Pflegeheim in Weitra im Waldviertel.

Adresse 13. Bezirk, Chrudnergasse | **ÖPNV** U 4, Station Hietzing, dann Straßenbahn 60, Station Preyergasse

53_Weg vom Felsen (1)

Der Ausbruch

Jeder in der Unterwelt weiß, was es bedeutet, am »Felsen« zu landen. Der *Häfen* (Gefängnis) in Krems-Stein am Beginn der Wachau in Niederösterreich ist berüchtigt. Am 4. November 1971 hielten Alfred Nejedly (24), Adolf Schandl (35) und Walter Schubirsch (22) Österreich in Atem. Trotz ihres jungen Alters wies das Trio beachtliche *Speisekarten* (Vorstrafenregister) auf. Nach 15 Uhr gingen die drei in den Spazierhof, überwältigten einen Wachebeamten und nahmen ihm seine Waffe ab. Danach stürmten sie in den Kulturraum, entrissen einem weiteren Beamten seine Pistole. Der anwesende Jurist und die Schriftführerin wurden zu Geiseln. Die Ausbrecher verlangten Zivilkleidung, 100.000 Schilling, ein Fluchtauto, freien Abzug und 24 Stunden Vorsprung. Bei Verfolgung würden die Geiseln sterben. Justizminister Broda stimmte zu, er wollte nicht deren Leben gefährden. Im Austausch mit der Schriftführerin bot sich Major Howanietz, Chef der Stadtpolizei Krems, freiwillig als Geisel an.

Die Geiselnehmer waren einverstanden, wechselten die Kleidung und bestiegen mit den Geiseln einen Kleinbus, der ihnen von der Anstaltsleitung zur Verfügung gestellt wurde. Nachdem ihnen zugesichert worden war, ihnen mindestens 30 Kilometer Vorsprung zu gewähren, ließen sie die Schriftführerin frei.

Die Flucht nach Wien begann. Überhastet und nahezu dilettantisch. In Penzing fuhren die Ausbrecher in einer Kleingartensiedlung in eine Sackgasse. Sie gerieten in Panik, als sich Funkstreifen näherten. Howanietz verhandelte mit den Polizisten, der Bus wendete und fuhr Richtung Stadtzentrum. Ähnlich wie später beim deutschen Geiseldrama von Gladbeck folgte ihnen ein Tross von Journalisten und Schaulustigen. Vor dem Westbahnhof stiegen die Ausbrecher mit ihren Geiseln aus. Passanten glaubten an Filmaufnahmen. Eine ägyptische Studentin wurde kurzerhand zu einer weiteren Geisel.

Adresse 15. Bezirk, Westbahnhof, Europaplatz 2/3 | ÖPNV U 3, U 6, Straßenbahn 5, 6, 9, 18, 52, 60, Station Westbahnhof

54 Holaubek, der Held (2)

Dank eines Häfenbruders

Die Ausbrecher und ihre Geiseln betraten den Westbahnhof. Major Howanietz rief der anwesenden Polizei zu, nichts zu unternehmen. Planlos verließen die Geiselnehmer mit den drei Opfern den Bahnhof, kaperten ein Taxi. Der Major schlug vor, zum Polizeipräsidium zu fahren, für weitere Verhandlungen, die Polizeipräsident Josef Holaubek und der Generaldirektor für öffentliche Sicherheit führen wollten. Zwölf verfolgungsfreie Stunden, lautete die Forderung der Kriminellen. Das wurde akzeptiert. Als Gegenleistung eine rasche und unversehrte Freilassung der Geiseln, zumindest der Frau. Kurz danach war die ägyptische Studentin frei. Während der Flucht versuchten die Ausbrecher, parkende Autos aufzubrechen und kurzzuschließen, was misslang. In Wien-Breitenlee stoppten die Ausbrecher einen Ford Cortina, die beiden Insassen wurden zu weiteren Geiseln. In einem Steinbruch wurden die beiden Männer und der Taxifahrer gefesselt im Taxi zurückgelassen.

Die Flucht setzten Schubirsch, Schandl und Nejedly mit dem Ford fort. Der Major und der Jurist aus der JVA Stein blieben weiterhin ihre Geiseln. Gegen 3 Uhr früh parkten die Ausbrecher den Wagen in der Hackingergasse in Penzing, warteten, bis die Stadtbahn ihren Betrieb aufnahm. Um 6 Uhr morgens wollten die Kriminellen mit der Stadtbahn weiterfahren. Ihre Geiseln ließen sie gefesselt im Auto zurück, nahmen ihnen das Versprechen ab, 20 Minuten lang nichts zu unternehmen. Jetzt lief alles aus dem Ruder. Tatsächlich setzten die Verbrecher ihre Flucht mit der Stadtbahn fort, wurden nicht erkannt, obwohl ihre Fahndungsfotos längst veröffentlicht worden waren.

In der Bernardgasse beobachteten sie einen Autofahrer, der seinen Wagen aufsperrte. Schubirsch schoss auf den Mann, traf aber nicht. Der Schuss machte andere Passanten aufmerksam. Schubirsch und Nejedly wurden zu Fuß verfolgt. Schandl sprang kurzerhand in das Auto und raste davon.

Adresse 14. Bezirk, Hackingergasse | ÖPNV U 4, Station Ober St. Veit

55 »Hör auf …« (3)

Nur einer schaffte den Weg zurück

Am Abend fielen Schubirsch und Nejedly Passanten im Bahnhof Penzing auf. Als die Polizisten eintrafen, waren die beiden wieder weg. Die Ausbrecher hatten einen Streifenwagen mit nur einem Mann Besatzung angehalten und ihn gezwungen, mit ihnen in den 22. Bezirk zu fahren. Zufällig ging eine Frau an dem Polizeiwagen vorbei. Auch sie wurde zur Geisel. Schubirsch fuhr mit den beiden Geiseln in der Funkstreife, Nejedly folgte in einem weiteren Auto. Über das Polizeifunkgerät forderte er 50.000 Schilling und ein weiteres Fluchtfahrzeug bis 23 Uhr. Blieben die Forderungen unerfüllt, würde das das Ende der Geiseln bedeuten.

Die Flucht wurde über die Floridsdorfer Hauptstraße, die Angerer- und die Schlosshoferstraße fortgesetzt. Journalisten hörten den Polizeifunk und hängten sich zusammen mit Taxilenkern an die Fluchtfahrzeuge. Die Polizei wechselte die Funkfrequenz. Ein Passant wollte sich gegen die Frau austauschen lassen.

Ein Revierinspektor fuhr den Kriminellen nach. Er sah, wie fertig sein Kollege war, und bot sich als Geisel an. Nejedly verweigerte die Bitte, die Geiseln würden ohnehin am Vormittag freigelassen. Die Fluchtfahrt ging weiter in den 22. Bezirk. Die Verbrecher hielten Wort, ließen die Geiseln zurück, flüchteten weiter. Gegen 9 Uhr tauchten sie bei Margarete T. in der Siebenbürgenstraße 154 auf. Ihr Mann saß in der JVA Stein und hatte Nejedly diese Adresse vor dem Ausbruch als Unterschlupf genannt. Nejedly stellte neue Forderungen. Das Haus wurde von Polizeikräften umstellt. Weitere Verhandlungen folgten. Am Samstag gab zuerst der erschöpfte Alfred Nejedly gegen 16.45 Uhr auf. Schubirsch hielt noch eine Weile durch, bis ihn Polizeipräsident Holaubek mit den Worten »Walter, gib auf. I bin's, der Präsident« überreden konnte. Am Abend tönte ein Aufruf Schubirschs an den flüchtigen Adolf Schandl aus dem Radio: »Adi, gib de Puff'n o und hör auf mit dem Ganz'n.«

Adresse 22. Bezirk, Siebenbürgenstraße 154 | ÖPNV U1, Station Kagran, dann Bus 94A, Station Siebenbürgenstraße

56 72 Stunden (4)

Das Finale

Der letzte freie Ausbrecher Adolf Schandl fuhr zu einem Bekannten in Favoriten, besorgte sich falsche Papiere, tauchte unter, wollte sich ins Ausland absetzen. Er ließ sich einen Schnauzbart wachsen und ging am 15. November zu Maria B.s Wohnung in der Taubergasse 35 in Hernals. Sie war die Mutter eines Mithäftlings in Stein und wurde zu einer weiteren Geisel Schandls. Am 19. November erhielt die Polizei einen *Zund* (Tipp), dass sich Schandl dort versteckt halte. Kriminalbeamte läuteten an der Tür. Schandl drohte, sich mit einem Rasiermesser umzubringen. Maria B. öffnete, obwohl Schandl es ihr verboten hatte. Als die Kriminalbeamten eintraten, ergab sich Schandl.

Alfred Nejedly und Adolf Schandl fassten im Oktober 1972 je 16 Jahre aus, Walter Schubirsch 12 Jahre. Nur Schubirsch nahm das Urteil an, seine Komplizen legten Berufung ein, die ihnen nichts nützte. Obwohl der Ausbruch und die Flucht mehr als dilettantisch abgelaufen waren, bewirkte die Tat Verbesserungen im Strafvollzug. Die Kost wurde besser, die Haftbedingungen wurden lockerer.

Schandl wurde wieder rückfällig, unternahm zusammen mit dem Mörder und Zuhälter Peter Grossauer und dem palästinensischen Terroristen Chaovali 1996 einen weiteren Ausbruchsversuch. 2012 kam Schandl mit strengen Auflagen in Freiheit. Nejedly schoss 2008 in einem Lokal einen Widersacher nieder. Lediglich Schubirsch brach mit der Vergangenheit. Nach frühzeitiger Entlassung 1982 gründete er eine Familie, wurde Vater, fand einen Job als Buchbinder, den ihm Polizeipräsident Holaubek vermittelt hatte. Auch Kardinal König war dabei anscheinend involviert. So soll Schubirsch einige Zeit in einem Kloster gearbeitet haben. Holaubek hatte sich auch in Haft um ihn gekümmert. Er besuchte ihn, brachte ihm Kaffee mit und unterstützte ihn finanziell. Walter Schubirsch starb am 21. März 2021 im 72. Lebensjahr nach schwerer Krankheit.

Adresse 17. Bezirk, Taubergasse 35 | **ÖPNV** U 6, Station Alser Straße, dann Straßenbahn 43, Station Rosensteingasse; oder U 3, Station Schweglerstraße, dann Straßenbahn 9, Station Rosensteingasse

57 Aktion »Wienerwald«

20 Stunden

Die Schokoriegel der Marke »Bensdorp« waren in Wien bekannt wie der Stephansdom und Schloss Schönbrunn. Die Industriellenfamilie müsse über ein großes Vermögen verfügen, dachten sich Peter Dörschl und Adalbert Bilek. Ein Entführungsplan wurde ausgearbeitet, der Sohn Hans Michael Bensdorp sollte gekidnappt werden. Die örtlichen Gegebenheiten und Lebensgewohnheiten wurden ausgekundschaftet.

Am 2. Jänner 1971 legte sich das Duo auf die Lauer. Gegen 17.30 Uhr entführten die Verbrecher Bensdorp in seinem eigenen Mercedes, mit dem er auf dem Weg nach Hause war. Kurz danach klingelte das Telefon bei den Eltern, und der Sohn teilte ihnen mit, dass er in der Gewalt bewaffneter Gangster sei. Die ursprüngliche Forderung für seine unversehrte Freilassung betrug 250.000 Schilling, aber schließlich wollten sich die Entführer mit 50.000 Schilling zufriedengeben.

Das Lösegeld sollte im unversperrten Zweitwagen der Familie deponiert werden und nahe dem Schloss Schönbrunn abgestellt werden. Die Übergabe verlief reibungslos. Bensdorp wurde nach 20 Stunden freigelassen, und die Täter setzten sich Richtung Westen ab. Die Aktion »Wienerwald« kam ins Rollen. Die Gendamerie Melk konnte die Entführer auf der Westautobahn stellen. Dass die Fahndung so rasch erfolgreich beendet werden konnte, war folgendem Umstand zu verdanken: Die unmaskierten Kriminellen waren unprofessionell vorgegangen, sodass sich Bensdorp ihre Gesichtszüge hatte einprägen können. Hans Michael Bensdorp war übrigens das allererste österreichische Kidnapping-Opfer.

Peter Dröschl fasste neun Jahre schweren Kerker aus, Adalbert Bilek acht Jahre. Bensdorp wurde Priester. Entgegen anderslautender Meldungen war dem Theologiestudenten seit seinem 17. Lebensjahr klar gewesen, welchen Lebensweg er einschlagen wollte. Bensdorp leitete die Pfarre Hetzendorf von 1979 bis 2010.

Adresse 19. Bezirk, Weinberggasse 67–71 | **ÖPNV** U 4, U 6, Station Spittelau, dann Bus 35A, Station Rodlergasse

58 Von der Konkurrenz (1)

Die Entführung des Strumpfkönigs

1977 hielten sich Terroristen der *Bewegung 2. Juni* in Wien auf, um dem enormen Fahndungsdruck in Deutschland zu entkommen, darunter Inge Viett, Gabriele Rollnik und Juliane Plambeck. Sie lernten die Studenten Reinhard Pitsch, Othmar Keplinger und Thomas Gratt kennen und gewannen sie als Unterstützer. Die Studenten sympathisierten mit der RAF. Die Terroristen versteckten sich in einer Wohnung am Max-Winter-Platz in der Leopoldstadt.

Der Textilindustrielle Walter Palmers sollte entführt werden. Monatelang wurde der Plan ausgearbeitet. Am 9. November wurde der 74-jährige Mann vor seiner Villa in der Hockegasse überfallen und in einen Pkw gestoßen. In der Roggendorfstraße wechselten die Kidnapper mit ihrem Opfer in einen VW Bus. In der Webgasse 42 war in einer Wohnung das »Volksgefängnis« eingerichtet, das unter falschem Namen von Gratt angemietet worden war. Palmers wurde, in einer Matratze eingewickelt, in die Wohnung getragen und in einen Verschlag gesperrt. Der alte Mann erhielt ein neues Hemd und eine lange Unterhose, die er mit den Worten »von der Konkurrenz« quittierte. Die Entführer verlangten 50 Millionen Schilling Lösegeld, ließen sich aber auf 30,5 Millionen herunterhandeln.

Gegen den Rat der Polizei beschaffte die Familie das Geld in verschiedenen Währungen und ließ jede Banknote abfotografieren. Die Polizei glaubte an ein »normales« Kidnapping. Am 14. November begann die geheime Lösegeldübergabe, obwohl die Villa ständig unter Beobachtung stand und von Journalisten belagert wurde. Gegen 15 Uhr fuhr Firmendirektor Rudolf Humer mit seinem Porsche los. Danach folgten zwei Mercedes. Der Sohn Christian Palmers überlistete die Polizei mit seinem Wagen, bremste die verfolgenden Polizeiautos aus. Alles für die Verschleierung der Lösegeldübergabe. Weiterhin war der Fokus der Polizei auf die Villa in der Hockegasse gerichtet.

Adresse 6. Bezirk, Webgasse 42 | ÖPNV U 3, U 6, Station Westbahnhof, Ausgang Innere Mariahilfer Straße, vom Christian-Broda-Platz über Mariahilfer Straße in die Webgasse

59 Kein Gourmetmahl (2)

Ein lausiger Fraß

Anscheinend dachte niemand an die Rückseite der Palmers-Villa. Ungesehen fuhren ein Audi 100 und ein BMW ab. Gesteuert von Gunilla, der Frau des Entführungsopfers, und von Sohn Christian.

Sie harrte in einer heute nicht mehr existierenden Konditorei aus. Christian saß im Café Landtmann und wartete auf einen Anruf unter dem Codenamen »Dr. Schilling«. Er wurde zu einem bestimmten Kaugummiautomaten am Lerchenfelder Gürtel bestellt, wo er eine Notiz vorfand, die ihn ins Café Weidinger lotste. Wieder ein Anruf für ihn. Ab in ein Aida-Café in der Rotenturmstraße und danach weiter in die Konditorei Heiner in der Wollzeile. Palmers war die gesamte Zeit mit einem Trolley mit dem Lösegeld unterwegs, der 34 Kilogramm wog. Wieder ein Anruf mit neuen Anweisungen. Lokal verlassen, durch die Strobelgasse, die Schulerstraße überqueren und in der Domgasse in ein wartendes Taxi einsteigen. Es war ein gemieteter Peugeot mit einem gestohlenen Taxischild. Der vermummte Fahrer war Thomas Gratt. Das Lösegeld wurde übergeben. Gratt fuhr mit Christian Palmers zum Hotel Hilton am Stadtpark. Der Sohn bekam das Zimmer 1227 und wartete. Um 23 Uhr der erlösende Anruf des Vaters, dass er wieder frei sei. Man hatte ihn vor dem Hotel Arabella in der Jagdschlossgasse in Hietzing abgesetzt. Palmers war völlig unversehrt.

Keine Spur von den Entführern. Die Polizei glaubte an Trittbrettfahrer, da im Oktober in Holland der Multimillionär Maup Caransa entführt worden war. Eine Sonderkommission arbeitete mit lächerlichen Mitteln. In der Einsatzzentrale standen nur zwei alte Telefone und ein Tonbandgerät mit kaputter Rücklauftaste zur Verfügung. Noch dazu gab es interne Kompetenzstreitigkeiten zwischen dem Sicherheitsbüro und der Staatspolizei. Die Entführer hatten Walter Palmers sehr schlecht verpflegt.

Darauf angesprochen, sagte er: »Ersparen Sie mir, es zu qualifizieren.«

Walter Palmers ist frei!

Montag, 14. November 1977 • Nr. 314 • S 3,–

KURIER

Unabhängige Tageszeitung für Österreich

Tel. 95 21/0 · Erscheinungsort Wien · P. b. b. · Verlagspostamt 1070 Wien
Lire 300,–, Dinar 6,–, Drachm. 16,–, Ptas 45,–, DM 0,80 sfr 1,–

WIENER MORGENAUSGABE

- **Strumpffabrikant kam um 23.53 Uhr mit dem Taxi nach Hause: Er ist gesund**
- **Sein erstes Wort: „Ich habe mich 100 Stunden zum Nachtmahl verspätet…"**

Sonntag knapp vor Mitternacht wurde der Strumpffabrikant Walter Michael Palmers von seinen Entführern freigelassen; Palmers traf in Begleitung seines Sohnes Christian um 23.53 Uhr mit einem Taxi vor seiner Villa Hockegasse 78 ein. Sein erster Satz zu Journalisten: „Sehen Sie, ich habe mich zum Nachtmahl 100 Stunden verspätet. Jetzt muß ich erst meine Frau um Entschuldigung bitten, und das dauert länger. Haben Sie bitte Verständnis dafür." Dann ging Palmers ins Haus, gefolgt von Journalisten. Die Familie teilte später mit, daß das Lösegeld in der Höhe von 31 Millionen Schilling gezahlt wurde. (Ausführliche Berichte können Sie auf den Seiten 4 und 5 lesen.)

Palmers ist wieder da. Glückstrahlend schloß er Gattin Gunilla in die Arme: „Jetzt muß ich erst meine Frau um Entschuldigung bitten…"

● Portisch-Serie S. 3 ● Wetter S. 5 ● Speziell für die Frau S. 10 ● WM-Serie S. 12 ●

Adresse Café Landtmann: 1. Bezirk, Universitätsring 4; Konditorei Heiner: 1. Bezirk, Wollzeile 9; Café Weidinger: 16. Bezirk, Lerchenfelder Gürtel 1 | ÖPNV Café Landtmann: Straßenbahnen D, 1, 71, Station Rathausplatz/Burgtheater oder Citybus 1A ab Stephansplatz; Konditorei Heiner: vom Stephansplatz über Rotenturmstraße/Wollzeile oder mit Citybus 3A; Café Weidinger: U3, Station Westbahnhof, dann U6, Station Burggasse-Stadthalle, kurzer Fußweg oder Straßenbahn 49, Station Urban-Loritz-Platz

60_Die vereitelte Flucht (3)

Dilettanten unter sich

Die Stapo hatte Reinhard Pitsch, Othmar Keplinger und Thomas Gratt schon länger im Visier, noch vor der Entführung von Palmer. Das Trio wurde teilweise observiert. Man wusste, dass anscheinend Verbindungen zur *Bewegung 2. Juni* und zur RAF bestanden. Gratt und Keplinger wurden in Chiasso an der schweizerisch-italienischen Grenze verhaftet. Die deutschen Terroristen hatten sich bereits vorher abgesetzt. Gratt wurden seine schlecht gefärbten Haare zum Verhängnis. Bei der Einvernahme in Chiasso zog er plötzlich eine Pistole. Das war es für ihn. Kurz danach wurde Keplinger verhaftet. Durch Fingerprints kam man auf die Spur der deutschen Terroristen. Im Dezember 1977 wurden Gabriele Kröcher-Tiedemann und Christian Möller während einer Polizeikontrolle im Dreiländereck gestellt. Sie hatten zwei 500-Schilling-Noten und fünf Hundert-Dollar-Scheine bei sich, die aus dem Lösegeld stammten.

Im Februar 1979 wurde den Wiener Möchtegern-Terroristen die Rechnung präsentiert: Keplinger bekam 5 Jahre, Pitsch 6 Jahre und 6 Monate, Gratt 15 Jahre Haft. Pitsch wurde bereits 1980 entlassen. Keplingers Strafe wurde auf 4 Jahre verkürzt, er kam aber dennoch nicht frei. 13 Jahre verbüßte Gratt. Drei Millionen des Lösegelds konnten sichergestellt werden. Ein Teil soll an die RAF, ein weiterer an eine palästinensische Terrorgruppe gegangen sein. Kleinere Beträge tauchten im normalen Geldkreislauf immer wieder auf, sofern Bankbeamte sich die Geldfahndungslisten näher ansahen.

Im März 2006 sollte Gratt aus seiner Wohnung delogiert werden. Deswegen rammte er sich ein Küchenmesser in die Brust und starb. Keplinger verstarb 2010 an Krebs. Pitsch hat in der Haft studiert, arbeitet als Lektor und Autor und lebt in Wien und Florenz.

Die Behörden lernten aus den Fehlern. Das Spezialeinsatzkommando Cobra wurde gegründet und eine Antiterrorpolitik in die Wege geleitet.

Adresse Friedhof Grinzing, 19. Bezirk, An den langen Lüssen 33 | ÖPNV U1, U3, Straßenbahn 38, Station An den langen Lüssen

61_Trittbrettfahrer

... und brandgefährlich

Die Palmers-Entführung diente als Vorbild. Wenige Wochen später kam Lieselotte Böhm, verheiratet mit Leopold Böhm, dem Inhaber der Textilkette »Schöps«, zum Handkuss. Als sie im Dezember 1977 vom Einkaufen zurückkehrte, wurde sie vor der Villa in Grinzing von zwei vermummten Typen verschleppt. In einer Schaumgummizelle mit verklebtem Auge, eingerichtet in der ehemaligen Diskothek »Club Antique« im 7. Bezirk, wurde die Frau festgehalten.

Leopold Böhm befand sich zu der Zeit auf Geschäftsreise in Italien. Der Polizeipräsident verständigte Böhm. Auch Böhm lehnte wie zuvor schon die Familie Palmers eine Kooperation mit der Polizei ab. Die Lösegeldforderung war horrend, 100 Millionen Schilling. Nach Verhandlungen begnügten sich die Kidnapper mit 21 Millionen. Eile war geboten, da Lieselotte Böhm schwer krank war und dringend ihre Medikamente benötigte. Die Entführer forderten ein bestimmtes Zeitungsinserat als Zeichen des Einverständnisses für ihre Forderung. Am 17. Dezember kam es zur Übergabe vor einer Tankstelle in der Heiligenstädterstraße 77 – ohne Polizei. Das war in diesem Fall wichtig, denn es hätte sicherlich mit einer Schießerei geendet. Nach 4 Uhr früh traf Lieselotte Böhm wieder wohlbehalten zu Hause in Grinzing ein. Zuerst verlief die Großfahndung ergebnislos. Aber natürlich waren die Geldscheine registriert, und das wurde den Tätern 1978 zum Verhängnis.

Als sie das Geld anlegen wollten, schlugen die Fahnder zu. Rasch stellte sich heraus, dass es sich um besonders schwere Kaliber handelte. Paul Francis und Franz Panagl wurden bereits als »MP-Bande« gesucht. 1977 hatten sie bei vier Banküberfällen 2,4 Millionen Schilling erbeutet, wie auch bei der Lösegeldübergabe waren sie mit Maschinenpistolen bewaffnet gewesen. Dazu ging noch ein Mordversuch an einem Postbeamten auf ihr Konto. Entsprechend hoch fielen die Haftstrafen aus. Francis bekam 20, Panagl 15 Jahre.

Adresse 7. Bezirk Club Antique (genaue Adresse unbekannt)

62_Die Kaderschmiede

»Brav sein, sonst kommst nach Kaiserebersdorf«

Bis in die 1970er Jahre war das eine Drohung der Eltern, wenn der Nachwuchs aus der Reihe tanzte. Das Schloss Kaiserebersdorf wurde von Kaiserin Maria Theresia zum Zwecke der Errichtung eines Armen- und Arbeitshauses gestiftet. 1929 wurde es zu einer Erziehungsanstalt für straffällige Jugendliche. Unter den Nazis ein »Jugendschutzlager« für kriminelle und asoziale Jugendliche. Nach 1945 entstand die Bundesanstalt für Erziehungsbedürftige mit rigorosem Regime. Bei Wohlverhalten gab es einen monatlichen sonntäglichen Ausgang. 14-tägig durften Briefe geschrieben werden, natürlich zensuriert, und Angehörige durften die Zöglinge besuchen. Die Anstaltskleidung bestand aus blauen Jacken, grauen Hosen und groben Schuhe. Beim Sonntagsausgang mussten gelbe Anzüge getragen werden. Zweimal täglich mussten die Zöglinge zum Appell antreten, danach Frühsport und ab in die Werkstätten als Korbflechter, Buchbinder oder Schuster – mit Redeverbot. Der Lohn betrug zehn Schilling pro Monat, die Hälfte wurde als Rücklage einbehalten. Es herrschten Willkür und Schikane. Ältere drangsalierten Jüngere. Schläge, Gewalt und sexueller Missbrauch waren an der Tagesordnung. Für 1.000 Kniebeugen gab es 1 Packung Zigaretten, für 100 Meter Häschenhüpfen 1 Zigarette.

Im November 1952 waren dort rund 400 Kinder und Jugendliche untergebracht. Am 12. November zettelten fünf Freunde einen Aufstand an. Zuerst nahm die Anstaltsleitung die Revolte nicht ernst. Doch die Situation eskalierte. Das Überfallkommando mit 16 Mann rückte an und scheiterte. Polizeischüler wurden abkommandiert, der Aufstand wurde brutal niedergeknüppelt. Die Rädelsführer landeten im Jugendgefängnis. Gleichsam der Startschuss für spätere kriminelle Karrieren. Auch Heinz Karasek war am Aufstand beteiligt und mischte später im Milieu mit.

Heute ist im Schloss Kaiserebersdorf die Justizanstalt Wien-Simmering untergebracht.

Adresse 11. Bezirk, Kaiser-Ebersdorfer-Straße 297 | ÖPNV U 3, Endstation Simmering, dann Straßenbahn 11, 71, Station Kaiserebersdorf Zinnergasse

63_Der Spittelberg

Ein Sauf- und Raubnest

Bereits zu Römerzeiten war Vindobona ein Zentrum für käufliche Liebe. Besonders arg getrieben wurde es zur Zeit Maria Theresias, später unter ihrem Sohn Joseph II. Eine eigene »Keuschheitskommission« der Kaiserin scheiterte ebenso wie die Versuche Josephs II., die Wollust einzudämmen. Berüchtigt und weit über die Stadtgrenze hinaus bekannt war der Spittelberg. Heute ist Spittelberg ein hippes In-Viertel.

Damals waren 58 von 138 Häusern Gasthäuser, in denen offen Geheimprostitution betrieben wurde. Ein Sammelbecken für zwielichtiges Gesindel, wo die Dolche und Stilette locker saßen, die Frauen nicht mit ihren Reizen geizten. In den Spelunken »Zum verlorenen Sohn«, »Zum Mandel« oder »Zum goldenen Fassel«, um nur einige zu nennen, kam der Mann auf seine Kosten. Manche Huren waren Berühmtheiten, beispielsweise die »Tuttelberta«, die »Dicke Wettl«, die »Großaugerte Reserl«, die »Scheanglade (Schielende) Spitalerin« oder die »Ziegelzupferzillerl«. Nomen est omen. In jeder Hinsicht gefährliche Lokale waren die »Hollerstaud'n« und das »Löberl« (Zum weißen oder steinernen Löwen). Die »Hollerstaud'n« befand sich im nicht mehr existierenden Fleischhackergäßchen (heute zwischen Kirchberg- und Breitegasse, mündet in die Burggasse). Das »Löberl« heißt heute »Witwe Bolte«.

Der Ruf des »Löberl« war auch dem Hochadel bestens bekannt. Nicht wegen des Lokals, sondern eher wegen der »Sonnenfels-Waberl« und ihrer Liebeskünste. Joseph II. wollte sich inkognito überzeugen. Seine Majestät musste sich ziemlich gebärdet haben. Außerdem wollte er nicht bezahlen. Das war selbst dem erprobten Wirt zu viel. Ohne zu wissen, wer er war, setzte er den Kaiser an die frische Luft.

Später erfuhr er von seinem Fauxpas, doch er ließ – und das ist heute noch zu lesen – Folgendes in einen Balken schnitzen: »Durch dieses Thor im Bogen ist Kaiser Joseph II. geflogen«.

Adresse 6. Bezirk, Spittelberg | ÖPNV U 3, Station Volkstheater, über Burggasse in die Spittelberggasse

64 Die Simon-Platte

50 Gangster forderten die Stadt heraus

Platte bedeutet im Rotwelsch, der deutschen Gaunersprache, Bande. In Wien trieben viele Platten ihr Unwesen. Die gefährlichste war die Simon-Platte, aktiv von 1944 bis 1947. In den letzten Zügen des Krieges gründete der 25-jährige Deserteur Simon mit drei geflohenen Wehrmachtshäftlingen seine Platte. Simons Schwester brachte ihren Mann dazu, sich anzuschließen. Mit erfolgreichen Raubzügen und Einbrüchen wurde die Platte immer dreister. Zusammen mit seiner Braut organisierte Simon sämtliche Taten. Später wurde sie ihm lästig, und er erschoss sie. Mit Lkws fuhr die Bande nachts durch die Straßen, brach in Geschäfte ein und plünderte Wohnungen, schoss sofort, wenn sich jemand zur Wehr setzte. Interessant war, dass die Simon-Platte völlig ungehindert wüten konnte. Die Erklärung dafür: Das Dritte Reich war längst dem Untergang geweiht. Außerdem dachte man, dass die Straftaten von unterschiedlichen Einzeltätern verübt wurden. Der entscheidende Hinweis kam durch einen unbedeutenden Einbruch.

Am 2. April 1946 erstattete eine Frau im Kommissariat Penzing Anzeige am Bierhäuslberg. Drei falsche Kriminalbeamte hatten den Schmuck von ihrem Bruder abholen wollen, der in Haft war. Sie hatte die Preziosen im Wert von 90.000 Schilling verpackt und war mit den Unbekannten mitgegangen. Bei der Stadtbahnstation Hütteldorf war sie niedergeschlagen und beraubt worden. Danach ging es Schlag auf Schlag. Mehrere Bandenmitglieder konnten verhaftet werden. Im Sommer 1946 erwischte es Platten-Chef Simon in der Flurschützstraße. Es kam zu einer Schießerei, und er wurde tödlich verletzt. Camilla, seine Schwester, Simons Vize, Thomas Maural und einige Mitglieder wurden vor Gericht gestellt. Viele Verbrechen konnten nie aufgeklärt werden. Insgesamt landeten 70 Verbrecher vor dem Richter. Nachgewiesen wurden 5 Morde und eine Unzahl anderer Straftaten. Wahrscheinlich waren es 20 Morde und Mordversuche.

Adresse 12. Bezirk, Flurschützstraße | ÖPNV U 1, U 2, U 4, Station Karlsplatz, dann Straßenbahn 62, Station Marx Meidlinger Straße; oder Badner Bahn, Station Flurschützstraße / Längenfeldgasse

65 Krieg im Untergrund (1)

Die Revierkämpfe

Vor einigen Jahrzehnten waren die Praterstraße und das Viertel mit Zirkus- und Novaragasse drum herum ein heißes Pflaster. Mit Puffs und einschlägigen Hotels wie in der Mayergasse und natürlich mit entsprechenden *Tschocherln* (üblen Lokalen), wo *Fisch* (Springmesser) und *Pumperer* (Pistole, Revolver) locker saßen. Ein unbedachtes Wort oder ein böser Blick im Café Tosca in der Praterstraße 57 war die beste Voraussetzung für einen Bauchstich. Im »Alhambra« flog öfters ein *goscherter* (frecher) Gast durch die Auslagenscheibe, wenn die »Wilde Wanda« durchdrehte. Auch im »Dogenhof« und im Café Budapest flogen Fäuste, Gläser, Flaschen, wurden Messer gezückt und Waffen gezogen. Einer der Großen im Milieu war der »Zauberer«, Horst Sch., der nach dem Ende der Unterwelt in der Praterstraße *solid* (bürgerlich) wurde.

Heute sind die Praterstraße und das gesamte *Grätzel* (Viertel) eine schicke Gegend. Nur mehr die Alten erinnern sich an die bleihaltigen Zeiten. Der Aufstieg der Unterwelt begann nach dem Ersten Weltkrieg durch Johann »Der Dragoner« Breitwieser, bis ihn die Polizei erschoss. Danach entstand ein wilder Streit um die Nachfolge. Fritz Berger erschoss den Rivalen Karl Kopetzky in der Grundsteingasse in Ottakring vor einer Gulaschhütte. Doch Berger stand bereits auf der Abschussliste. Josef Pecha von der Praterstraße erhob Anspruch auf die Erbfolge. Zweimal schoss Pecha daneben, der dritte Schuss traf Berger in die Hüfte. 1936 erhängte sich Fritz Berger in München.

Jetzt war Pecha der alleinige Boss und zog die Fäden in der *Galerie*. Diese Bezeichnung der Wiener Unterwelt stammte von den zahlreichen Polizeifotos. Pechas Herrschaft endete mit dem Ausbruch des Zweiten Weltkriegs. Unter den Nazis denunzierte er Juden. Nach den Deportationen sicherte er sich deren Hab und Gut und schaffte es in seinen Zweitwohnsitz im Waldviertel in Niederösterreich.

Es war eine kurzlebige Unterweltkarriere.

Adresse 2. Bezirk, Praterstraße 57 | ÖPNV U1, Station Praterstern, Ausgang Praterstraße

66 Harte Bandagen (2)

Eine neue Verbrecher-Generation

Josef Pecha schaffte es, sich der Wehrmacht zu entziehen. Nach Kriegsende war er wieder zur Stelle. Das passte Josef Turian überhaupt nicht, dass sich Pecha wieder in der Praterstraße breitmachen wollte. Im »Titania«, einem Café in Hernals, kam es 1949 zu einer Messerstecherei. Turian zog den Kürzeren. Inzwischen hatte Pecha von den ständigen Kämpfen genug und zog sich aus dem Milieu zurück. Plötzlich tauchte einer aus dem Nichts auf und sorgte für völlig neue Perspektiven.

Der gebürtige Deutsche Karl »Klaus« Mzik übernahm Pechas Agenden. Völlig überraschend war, dass sich dieser Mann mit bewaffneten *Bugln* (Leibwächtern) umgab. Zu seinen Adjutanten ernannte er Josef Angerler und Josef Krista. Mzik teilte die Strich-Reviere neu auf. Doch Angerler spielte ein falsches Spiel, benutzte Mzik für seine eigenen Pläne. Der »G'schwinde« trennte sich von »Klaus«, Krista hielt weiter zu seinem Boss. Allerdings nur zum Schein. Krista spionierte Mzik für Angerler aus, warnte den »G'schwinden« vor möglichen Schritten gegen ihn. Auch die »Freundschaft« zwischen Angerler und Krista war nur eine Zweckgemeinschaft auf Zeit. 1954 wollte ein gewisser Karl Ludwig seine eigene Suppe kochen. Krista erledigte den Mann für Mzik und erhielt eine lächerliche Strafe wegen Notwehrüberschreitung. Dieses Urteil begründete seinen Ruf als »Notwehr-Krista«. Nach der Verbüßung sah Krista seine Stunde gekommen. Ständig provozierte der Adjutant seinen Chef Mzik, vernachlässigte die Abgabe der Einnahmen aus den illegalen Spielhöllen, bis es Mzik zu bunt wurde.

Im Juli 1959 stellte er Krista im Café Zentral in der Mariahilfer Straße zur Rede. Es kam zum Streit, den Krista gewollt hatte. Eigentlich gehörte dieses Kaffeehaus zum Einflussbereich eines Rivalen und seiner Bande, doch Krista hatte das Lokal zuvor für Mzik übernommen. Der Unterweltkrieg trat in eine neue, extrem gefährliche Phase.

Adresse 15. Bezirk, Mariahilfer Straße 152 | ÖPNV U 3, U 6, Station Westbahnhof, dann Straßenbahn 52, 60, Station Staglgasse

67 Alles oder nichts (3)

»I hab g'hört, ihr wollts was von mir.«

Bedauerlicherweise ereignete sich im »Zentral« ein »Unfall« mit einer Waffe, ein Toter lag am Boden. Die Konkurrenz suchte schleunigst das Weite. Krista stand deswegen nie vor dem Richter. Selbstverständlich wussten Zeugen von nichts. Zu einer »Aussprache« war Karl »Klaus« Mzik am 2. Juli 1959 mit seinen *Bugln* ins Café Zentral gekommen, von denen sich Krista jedoch nicht einschüchtern ließ. Unmissverständlich machte Mzik seinem Adjutanten klar, dass er der Boss sei und niemand anderer. Krista sagte ihm, er solle sich schleichen, worauf ihm Mzik eine Watsch'n verpasste, die wiederum Krista mit einem Bauchschuss für seinen ehemaligen Boss quittierte. Alle anwesenden Zeugen waren blind, taub und stumm.

Tage später stellte sich Krista im Sicherheitsbüro mit den Worten: »I hab g'hört, ihr wollts was von mir.« Sechs Monate saß er in U-Haft. Im Prozess kam nichts heraus. Zuerst Mordversuch, dann Totschlag und schließlich fünf Monate unbedingt wegen verbotenen Waffenbesitzes. Obwohl Krista im *Häfen* saß, waren Mziks Tage gezählt. Mitte Juli 1961 der Showdown, zumindest in Wien. Im Café Tosca in der Praterstraße gab es wegen einer Prostituierten Streit zwischen Mzik, Johann Adamec, dem Geschäftsführer des Cafés, und seinem Spezi Gottfried Oralek. »Klaus« zog und schoss, verletzte die Kontrahenten leicht. Danach das übliche Prozedere: Im Lokal blanke Ahnungslosigkeit. Da Mzik deutscher Staatsbürger war, wurde er abgeschoben. In Düsseldorf zog er mit Wiener *Strizzis* und Prostituierten sein eigenes Imperium auf. Bahn frei für »Notwehr-Krista«.

In den 1980er Jahren waren die Wiener Unterweltler auf dem Kiez in St. Pauli extrem aktiv. Allen voran der »Wiener Peter«. Mindestens vier Konkurrenten ließ er durch den Killer Werner Pinzner umlegen. Für den Österreicher bedeutete das lebenslang. 2001 kam er frei, lebt heute angeblich als Rentner auf Ibiza. Den Kiez übernahmen die Hells Angels.

Adresse 2. Bezirk, Praterstraße (früher sehr bleihaltig) | ÖPNV U 1, S-Bahn, Station Praterstern

68 Die Stunde des Paten (4)

Und jetzt die gesamte Stadt

Als neuer Boss ging Josef »Notwehr-« Krista in Freiheit. Zwei Monate ging alles gut, dann veränderte ein blöder Zufall die Situation. Ausgerechnet durch einen *Frankisten* (unbescholtenen Bürger). Der 25-jährige Baggerfahrer Friedrich Oswald gab zu Hause ein Fest. Da seine Gäste angesäuselt waren, wollte sie der Gastgeber heimwärts fahren. Kurz vor der Taborstraße musste Oswald in der Heinestraße seinen Wagen stoppen, weil ein Kombi die Spur blockierte. Neben dem Wagen unterhielten sich drei Männer. Krista, Matthias »Motzl« Unger und ein Helmut S. Oswald beschwerte sich, stieg aus. Das Trio wollte den Baggerfahrer zusammenschlagen. Oswald gelang es, aus seinem Auto ein Moniereisen zu holen. Doch Unger war schneller, verpasste ihm einen Herzstich. Krista und S. schlugen Oswalds schwangere Frau und die Freunde mit Stahlruten zusammen. Oswald versuchte, mit seinen Leuten zu flüchten, startete durch, verstarb jedoch hinter dem Lenkrad.

Vor dem Richter plädierte Unger auf Notwehr, schob die Schuld auf Oswald. Seine Witwe schilderte den Tathergang anders. Krista bekannte sich schuldig und erhielt wegen leichter Körperverletzung lächerliche zwei Monate unbedingt. Unger und S. wanderten für jeweils sieben Jahre in den Bau. In der Haft zerfetzte der Gewalttäter Unger mit einem *Zellen-Feitl* (selbst gebastelten Messer) einem Häftling die Halsschlagader. Der Mann verblutete.

Josef »der G'schwinde« Angerler wollte die Macht über Spielhöllen und Prostitution an sich reißen. Allerdings gab es zwei Probleme: Krista und einen Emporkömmling namens Heinz Karrer mit seinem Café Jo-Jo in der Ausstellungsstraße. Dabei war es Angerler, der im Prater und in seiner Umgebung den *Stoß* (verbotenes Kartenspiel) kontrollierte. Karrer pfuschte ihm ins Gehege. Das konnte sich der »G'schwinde« nicht bieten lassen. Noch war er mit Krista befreundet. Die Unterweltfehde erreichte eine neue Dimension. Das bedeutete Krieg.

Adresse 2. Bezirk, Heinestraße | ÖPNV U 1, S-Bahn, Station Praterstern

69_ Todfeinde (5)

Der bessere Schütze gewinnt, falls er trifft

Der Prater und seine Umgebung wurden zu gefährlichen Terrains. Rollkommandos drangen in Praterlokale ein, nahmen sie auseinander, lieferten sich mit der Konkurrenz Feuergefechte. Heinz Karrer ließ sich nicht einschüchtern. Anfänglich wehrte er sich erfolgreich gegen Angerlers Übernahme des Café Jo-Jo, Karrers Café. Dennoch musste Karrer eine bittere Niederlage einstecken. In einem Streit blieb Angerler der Sieger. Karrer musste vor versammelter Gang niederknien, der »G'schwinde« hielt ihm seine *Krach'n* (Waffe) an die Stirn, und der Gedemütigte musste Abbitte leisten. Karrer hatte sein Gesicht verloren. Das schrie nach Rache, um die Reputation wiederzuerlangen.

Am 7. Oktober 1964 lauerte Karrer vor einem Praterlokal auf Angerler. Als der »G'schwinde« kam, schoss Karrer sein Magazin leer, traf nicht. Der »G'schwinde« erwiderte das Feuer. Als die ersten Polizeisirenen ertönten, war Karrer bereits verschwunden. Angerler wurde festgenommen, konnte sich herausreden, ging wieder frei. In der nächsten Nacht wurde zum Gegenschlag gerüstet. Neben dem »G'schwinden« waren »Notwehr-Krista« und einige andere schwergewichtige Figuren auf Rachefeldzug. Aus Karrers »Jo-Jo« kam ihnen ein Spieler entgegen, der sich bitter über den Verlust von 3.000 Schilling beklagte. Ein Spezi Karrers bemerkte den Stoßtrupp und warnte aus einer nahen Telefonzelle Anni, Karrers Ehefrau. Die Warnung bekamen die Rächer mit und zwangen Karrers Spezi, sich als Anni auszugeben, um eingelassen zu werden. Karrer schlief über seinem Café. Das Lokal wurde zertrümmert, die Gäste schwer verprügelt. Karrer eilte hinunter, begann sofort zu schießen. Auch Angerler feuerte zurück. Beide waren lausige Schützen, keiner wurde getroffen. Angerlers Trupp suchte schleunigst das Weite. Nun schlug die Polizei zu.

Am 9. Oktober wurden Angerler, Krista und ihre *Bugln* verhaftet. Karrer stellte sich wenige Tage später. Kein Friede in Sicht.

Adresse 2. Bezirk, Ausstellungsstraße | ÖPNV U1, S-Bahn, Station Praterstern

70 Finale (6)

Noch ist nicht aller Tage Abend

Vor Gericht am 11. März 1965 nützten die fadenscheinigen Verantwortungen den Angeklagten nichts. Josef »der G'schwinde« Angerler verschwand für 2 Jahre hinter Gitter, Heinz Karrer fasste 18 Monate aus, und Josef »Notwehr«-Krista erhielt 10 Monate. Zusätzlich wurde über die drei die Einweisung ins (damalige) Arbeitshaus, bedingt für drei Jahre, verhängt.

Im Milieu sind Partner- und Freundschaften nur gültig, solange eigene Vorteile daraus gezogen werden können. Krista kam zuerst wieder in Freiheit und fiel Angerler sofort in den Rücken. Wie dieses Duell ausging, ist in Kapitel 33 beschrieben. Nachdem das Trio Krista-Angerler-Karrer ausgeschaltet war, nutzte die zweite Reihe der Galerie die Chance, um groß ins Geschäft einzusteigen. Aus der Vorstadt drängte Oswald Stanka nach vorne und aus Meidling die Schmutzer-Buam. Die drei wollten das Erbe der Praterstraße antreten. Das konnte nur wieder einen neuerlichen Unterweltkrieg auslösen.

Norbert und Alois Schmutzer waren in Meidling längst gefürchtete Größen. Die berüchtigten Brüder waren amts- und gerichtsbekannt. Jeder mit einer Latte an Vorstrafen für die unterschiedlichsten Verbrechen. Mit den Schmutzer-Buam sollte man sich besser nicht anlegen. Jene, die es trotzdem wissen wollten, bezahlten fürchterlich. Karrer, Krista und Angerler waren nicht mehr die Alten. Diese Chance wollten die Schmutzers nutzen und sich ihr Stück vom Kuchen angeln. Doch so leicht ließen sich die Bosse nicht aufs Altenteil verbannen. Natürlich war Karrer, Krista und Angeler im *Häfen* (Gefängnis) völlig klar, dass die Konkurrenten draußen nur auf eine günstige Gelegenheit warteten. Über ausreichend Zeit zum Nachdenken verfügten sie in ihren Zellen ja. Und in der Freiheit tüftelten die Schmutzer-Buam an ihren Übernahmeplänen. Beide Seiten wussten, dass sich das nicht im Café oder Wirtshaus regeln lassen würde.

Adresse Kolonitz Beisl (ehemaliges Unterweltlokal), 3. Bezirk, Bechardgasse 2 | **ÖPNV** S-Bahn, U 3, Station Wien-Mitte, dann Marxer- und Kegelgasse queren

71 Silvester-Kracher (7)

Es knallten keine Sektkorken

Oswald Stanka war mit seinen 70 Vorstrafen im Gegensatz zu den Schmutzer-Buam hochintelligent. Die waren nur unberechenbare Schläger. Stanka hatte sich einen Namen in Deutschland gemacht. Zudem verfügte er ebenso über Bärenkräfte wie die Schmutzers. In Deutschland liefen die Geschäfte für Stanka besser. Sein Wiener Revier verwaltete Anton Österreicher. »Österreicher-Toni« oder »Preludin-Toni« versorgte den Hamburger Kiez mit dem Aufputschmittel. Weihnachten 1967 kehrte Stanka nach Wien zurück, um zu sehen, was die Schmutzer-Buam planten.

Der neue Unterweltkrieg begann mit Provokationen der Stanka-Platte in Lokalen wie dem »Playboy« in der Annagasse, einer der ersten Wiener Diskotheken. Silvester 1967/68 fiel die Entscheidung vor dem Café Domingo in der Erlgasse, dem Hauptquartier der Schmutzers, das im Besitz ihrer Mutter war. Oswald Stanka kreuzte mit seiner Platte auf: »Österreicher-Toni«, Hans Bauer, eine unbedeutende Figur, und einige deutsche Strizzis gegen die Schmutzer-Buam, Karl Kolar und Karl Pekarek. Kolar erhielt zwei Kugeln in die Beine, Stanka wurde dreimal getroffen und starb, »Österreicher-Toni« erwischte es an Kopf und Hals. Österreicher brach ein ehernes Gesetz der Unterwelt. Er schrie um Hilfe und nach der Polizei. Das wurde ihm lange Zeit von der Galerie nachgetragen.

Stankas Platte fürchtete, die Schmutzer-Buam würden abtauchen. 17 Tage wurde nach den Brüdern gefahndet, bis sie sich im Jänner 1968 selbst stellten. Natürlich waren sie unbewaffnet, hatten nur zugesehen. Das Gegenteil konnte nicht bewiesen werden. Daher Freiheit für die Schmutzers. Doch die Schießerei vor dem »Domingo« hatte ein Nachspiel. Im Prozess 1973 wurde Karl Pekarek des Mordes an Oswald Stanka beschuldigt. Doch der Zeuge Karl Kolar sorgte für eine Wende, indem er die Schuld auf sich nahm. Pekareks Verfahren wurde eingestellt, und Kolar kam mit Notwehr durch.

Adresse 12. Bezirk, Meidling, Erlgasse | ÖPNV U 4, Station Meidlinger Hauptstraße, dann Bus 7A, Station Hohenbergstraße, über Ruckergasse und Spittelbreitengasse bis Erlgasse; oder U 1, Station Reumanplatz, dann Bus 7A

72 Noch immer keine Ruhe (8)

»Pockerl« rastet aus

Die neue Lage schien geklärt, die Schmutzers saßen am längeren Ast. Das glaubten sie zumindest. Dann fiel ihnen jedoch einer in den Rücken. In der Wahl ihrer Getreuen bewiesen die Schmutzer-Buam kein gutes Händchen. Johann »Pockerl« Pokorny, ein Schulfreund Norbert Schmutzers und kein *Waserl* (harmloser Mann), wurde von den Brüdern ins Stoß-Business eingeführt. Bei diesen illegalen Kartenpartien durfte Pockerl den *Vorschneider* (Bankhalter) spielen. Als die Schmutzer-Buam wieder einsaßen, übertrugen sie ihm die Verwaltung ihrer Spielhöllen. Doch Pockerl war unpünktlich und undiszipliniert.

Die Brüder waren wieder draußen, als Pockerl am 18. Jänner 1968 in sein Stammlokal »Bergheim Stüberl« in der Kaiserstraße kam und sah, dass ein anderer seinen Posten übernommen hatte. Wütend stellte er Norbert Schmutzer zur Rede. Die Männer gingen nach draußen, und Pockerl schoss sofort. Schmutzer wurde fünfmal getroffen, aber der kräftige Mann fiel nicht. Pockerl beging eine in Unterweltkreisen äußert verwerfliche Tat: Er setzte Schmutzer die Waffe hinter einem Ohr an und drückte ab, eine Liquidierung. Trotz Flucht in die ČSSR lieferten ihn die eigenen Leute aus. 1969 wurde Pockerl zu 15 Jahren Haft verurteilt. Das Interregnum der Schmutzer-Buam war besiegelt. Der *Zund* (Tipp) eines Unterweltlers brachte Alois Schmutzer zu Fall. Dabei spielte der erfolglose deutsche Profiboxer Gustav Adolph eine entscheidende Rolle. Wieder einmal pleite, pumpte er die Schmutzers an. Die Brüder gaben ihm den Rat, »eine Brieftaube zu machen«, einen Geldbriefträger zu überfallen. 15.000 Schilling betrug die Beute. Adolph wurde in der Wohnung des inzwischen toten Norbert verhaftet, ein Teil der Beute bei seinem Bruder Alois sichergestellt. Adolph erhielt 12 Jahre, Alois 10 Jahre und zusätzlich 18 Monate wegen Randalierens. Durch die Urteile war jedoch keineswegs der Friede gewährleistet.

Adresse 7. Bezirk, Kaiserstraße | **ÖPNV** U 3, U 6, Station Westbahnhof, dann Straßenbahn 5

73 »Eure Einsätze«

Verlieren ist vorprogrammiert

Mit *Stoß* ist das verbotene Glücksspiel mit 32 Doppeldeutschen Karten gemeint. *Schmierer* (Aufpasser) warnten vor der *Heh* (Polizei). War das Geld weg, kamen Uhr, Schmuck, Auto, Wohnung, Haus und Hof an die Reihe. Eine wichtige Rolle spielte der *Saugerl* (Geldverleiher), der Summen in jeder Höhe zu horrenden Zinsen verlieh. Die Schulden mussten binnen kurzer Zeit beglichen werden. Geriet der Schuldner in Verzug, stiegen nicht nur die Zinsen, er erhielt auch Besuch von Herren, die keine Ausreden duldeten. Danach waren Finger gebrochen, Kniescheiben zertrümmert und noch Schlimmeres passiert.

Nur Männer durften spielen. Schlepper sorgten für zahlungskräftige Spieler, die ausgenommen wurden. Der *Bankerer* (Bankhalter) *schnitt* (mischte) die Karten. Er saß an der Längsseite des Tisches. An den anderen Seiten die Spieler, die *Galerie*. Der Bankerer zeigte dem *Guckerer*, dem Spieler mit den höchsten Einsätzen, die *Guck*, eine Karte. Diese Karte kehrte in den Stapel zurück. Es entstanden zwei Pakete. Die Guck lag oben. Das Paket wurde umgedreht, die Guck war unten. Nun setzten die Spieler. Zwei rechteckige Tafeln lagen auf dem Tisch. Jeder Tafelecke war eine der acht Karten von 7 bis Ass zugeordnet. An den Ecken türmten sich die Geldscheine. Der *Bankerer* zog zwei Karten ab. Die erste, der *Schuss*, verlor. Der *Einwender*, die zweite Karte, gewann. Wer auf die erste gesetzt hatte, verlor seinen Einsatz an den *Bankerer*. Gewinner war der, der auf die zweite Karte gesetzt hatte. Er erhielt den doppelten Einsatz zurück. Die Wetten auf die anderen Karten blieben im Spiel. Bei zwei gleichen Karten gewann der *Bankerer*. Das Paket war durchgespielt, wenn 14 Kartenpaare abgezogen waren. Die drei untersten Karten, die nicht mit der Guck gespielt wurden, hießen *Stock*. Erfunden wurde dieses Betrugsspiel, das unter dem Namen Jewish Faro bekannt war, im Jahr 1885 von New Yorker Gangstern.

74 Ein brüchiger Friede?

Neuordnung

Ende der 1970er Jahre schlossen die Wiener Ost- und Westpartie Frieden. Ruhe kehrte in der Unterwelt ein, die Platten-Kriege endeten. »Ost«, das waren der Prater und die umliegenden Straßen und Gassen, »West« bezeichnete das Gebiet am Gürtel mit dessen näherer Umgebung.

Die alten Bosse waren entweder tot oder saßen ein. Neben der Prostitution war das Glücksspiel, in diesem Fall der *Stoß*, in dieser Zeit weiterhin eine lukrative Einnahmequelle. Verboten deshalb, weil der Staat das Glücksspielmonopol besaß. Wer den *Stoß* kontrollierte, war mächtig und der unangefochtene Chef. Er allein bestimmte, wer ein Spiel wo eröffnen durfte oder es einstellen musste. Die Hochburgen, in denen Unsummen verloren wurden, waren ein Café in der Wilheminenstraße in Ottakring, ein ehemaliger Puff am Gaudenzdorfer Gürtel in Meidling, ein Wirtshaus im 10. *Hieb* (Bezirk) in der Laxenburger Straße und ein Etablissement am Lerchenfelder Gürtel in der Josefstadt. Besonders einfallsreich war die Tarnung im Prater. Hier wurde im Verein der Philatelisten gespielt. Zusätzlich liefen noch etliche kleinere Partien in Hinterzimmern von zwielichtigen Lokalen über ganz Wien verstreut. Sofern die Lokale nicht ohnehin im Besitz der jeweiligen Bosse und ihrer Getreuen waren, mussten Betreiber Miete zahlen – 2.000 Schilling pro Stunde.

Natürlich wusste die Polizei bestens Bescheid, drückte jedoch beide Augen zu. Einerseits saßen öfters bekannte Leute aus dem öffentlichen Leben an den Spieltischen, und das bedeutete vorprogrammierte Schwierigkeiten für die ermittelnden *Kiberer* (Kriminalbeamten) und die *G'schmierten* (Polizei). Andererseits wusste man, wo die großen Kaliber zu finden waren, wenn etwas anlag. Nach den kleinen *Pülchern* und *Strizzis* (Ganoven) musste erst gefahndet werden. Hartnäckig hielt sich in gewissen Kreisen das Gerücht, dass sich ein ehemaliger Polizeipräsident beim Stoßspiel schwer verschuldete.

Adresse Gürtel | ÖPNV Straßenbahn 2, Station Wilheminenstraße

75 Wucherer und Kredithaie

Wenn deine Zukunft vom Saugerl abhängt

Vampiren gleich sogen sie aus ihren Opfern den letzten Groschen. Der letzte Tausender war längst verspielt. Uhr, Siegelring und Autoschlüssel hatten bereits den Besitzer gewechselt. Das Hemd war durchgeschwitzt, die Krawatte auf halbmast, das Sakko hing über der Stuhllehne. Dicke Rauchschwaden waberten in dem düsteren Hinterzimmer. Nur der Kartentisch war erleuchtet. Verdammt, Fortuna musste doch endlich ein Einsehen haben! Nur noch einmal, dann ist Schluss. Nun ging auch noch der Bausparvertrag flöten. In einer Ecke saß der *Saugerl* und beobachtete mit stoischer Miene das Geschehen.

Die Berühmtesten dieser gierigen Zunft waren der *Zauberer*, der *Eismann* und der *Grazer*. Die Saugerln griffen die Karten nicht an, wussten sie doch am besten, wie es enden konnte. Ihr Verleihkapital bauten sie sich meist als Zuhälter oder Hehler auf. Die Saugerln gewährten immer Kredit. Wer gesund war oder über einen Bürgen verfügte, konnte nahezu jede Summe leihen. Natürlich gegen eine Sicherheit im Voraus. 100.000 Schilling schlugen mit 10 Prozent Zinsen pro Tag zu Buche, höhere Beträge mit 100 Prozent pro Monat. Es gab den Fall einer Prostituierten, die sich 30.000 Schilling lieh, sie mit Zinsen wenige Wochen später zurückzahlte, aber dennoch mit weiteren Forderungen von 180.000 Schilling konfrontiert wurde.

Die Saugerln waren hinterhältig, verschlagen und betrügerisch. Und sie starben im Bett, im Gegensatz zu vielen anderen Ganoven. Hatten diese Blutsauger genug auf die Seite geschafft, setzten sie sich zur Ruhe. Der *Zauberer*, einer der wenigen, der selbst spielte, konnte sich damals das Strandcafé an der Alten Donau, heute ein seriöses Lokal, kaufen – mit den besten Spareribs in Wien. Der *Eismann* zog sich aus dem Geschäft zurück und lebte in einer prunkvollen Villa am Stadtrand. Kredithaie existieren weiterhin. Finger weg, wer nicht in einen Teufelskreis geraten will!

Adresse Strandcafé, 22. Bezirk, Florian-Berndl-Gasse 20 | **ÖPNV** U 1, Station Alte Donau, ca. 10 Minuten Fußweg

76 Ein Boss begeht Fehler

Manchmal stolpert man über eine Kleinigkeit

Sein Codename im Polizeifunk lautete »Indianer«. Gemeint ist Heinz Bachheimer, der wegen seiner roten Haare »der Rote« oder »der Rote Heinzi« genannt wurde. Bachheimer war der Chef der »Ost-Partie«, mit dem Adjutanten Harald H. an seiner Seite. Das Stoß-Spiel kontrollierten für den »Roten« Anton Österreicher, »Österreicher-Toni«, und Karl H. Doch Bachheimers Einfluss endete nicht an der Stadtgrenze. In Salzburg beaufsichtigten Leopold G. und in Innsbruck Waldemar »Waldi« Gehmacher das verbotene Spiel. Eduard »der schöne Ederl« H. stand an der Spitze der »West-Partie«, während Willibald »Willi« Schäffel der König am Max-Winter-Platz, in der Ausstellungsstraße und im Prater war.

Bachheimers Hauptquartier war der »Queens Club«. Weitere Standbeine stellten das »Pour Platin« und die »Claire Bar« dar.

1976 passierte ihm ein Fehler. Bachheimer ging in das Hauptgebäude der Creditanstalt, wies sich als Peter Prokesch aus, wollte an sein Schließfach. Leider war er mit der Miete zwei Monate im Rückstand. Das Fach wurde polizeilich geöffnet. Ein vergoldeter Revolver, eine Pistole mit Schalldämpfer und die Korrespondenz einer Wiener Firma mit einem polnischen Handelspartner lagen darin. Der *Goldpuffer* stammte von einem Einbruch im deutschen Neuss. Just zu dem Zeitpunkt war Bachheimer in der Stadt gewesen. Nachweisen konnte man ihm nichts, obwohl man wusste, dass er in dubiose Geschäfte verwickelt war. Lediglich »Kleinigkeiten« konnte man ihm anhängen, dennoch blieb ihm Haft nicht erspart.

Um die Jahrtausendwende zog sich Bachheimer aus dem Milieu zurück, tätigte seine Geschäfte weiter, offiziell als Kaufmann. Darmkrebs machte ihm zu schaffen. Im November 2015 stürzte sich der 76-Jährige aus seiner Wohnung im sechsten Stock in der Dr.-Natterer-Gasse. Fremdverschulden konnte ausgeschlossen werden. Der Tresor in seiner Wohnung stand offen und war leer. Ein letztes Rätsel für die Polizei?

Adresse Queens Club: 9. Bezirk, Hernalser Gürtel 34; Claire Bar: 1. Bezirk, Naglergasse 23; Pour Platin: 15. Bezirk, Neubaugürtel 13–15 | **ÖPNV** Queens Club: U 6, Station Alser Straße; Claire Bar: U 1, Station Stephansplatz, über den Graben bis zur Naglergasse; Pour Platin: U 6, Station Westbahnhof

77 Im Lusthaus

Ein legendärer Fünfziger

Das Lusthaus im Prater hat überhaupt nichts mit fleischlicher Lust zu tun. Erstmals wurde es 1560 als *casa verde*, als grünes Haus, erwähnt, diente als kaiserliches Jagdhaus. Im 19. Jahrhundert war es ein beliebter Treffpunkt für Adel und Bürgertum. In der Zwischenkriegszeit entstand eine Bar mit Tanzmusik. 1948, nach der nahezu vollständigen Zerstörung, wurde es nach alten Plänen wiederaufgebaut, 1949 erfolgte die Neueröffnung.

Genau der Rahmen für den 50. Geburtstag von Heinz Bachheimer, »dem Roten«, am 7. Juni 1989. Das Lokal wurde gemietet, geschlossene Gesellschaft inklusive Adabeis. Eine Mischung aus Halbwelt und scheinbar seriöser Gesellschaft. Angeblich hätte Falco für den musikalischen Rahmen sorgen sollen. Wäre sicherlich ein Gag gewesen, wenn er *Der Kommissar* gesungen hätte. Die Gästeliste konnte sich sehen lassen. Wilfrid Schulz, der Pate von der Reeperbahn samt Entourage und Luden (Zuhältern). Henri Delisle aus Marseille, Michel de Wit aus Belgien, beide mächtige Unterweltgrößen. Carmine di Nardo, Kaufmann in Wien und Cousin des Camorra-Paten Enrico Maisto. Der Mafioso hatte nur wenige Monate vorher knapp ein Attentat vor der Pension Schönbrunn in Wien überlebt. Sechs Monate später verbrannte sein Cousin im Auto am Stadtrand von Neapel, sicherlich kein technisches Gebrechen.

Statt Falco trällerte ein Italo-Barde. Mitten im schönsten Belcanto stürmte die Polizei herein – Razzia. Bachheimer gab ein laut vernehmliches »Net amoi in Ruhe kaunn man fressen« von sich. Die *Heh* (Polizei) blamierte sich gewaltig. Nichts wurde gefunden. Was hatte man erwartet? Kiloweise Drogen? Die »Ausbeute« war ein Säckchen Fisherman's Friend im Handschuhfach des Autos einer mittelmäßigen Wiener Schauspielerin. Dafür wurden im allgemeinen Tohuwabohu zwei sündteure Sportwagen *gefladdert* (gestohlen). Doch das klärte man untereinander, ohne die *Heh*.

Adresse 2. Bezirk, Lusthaus Freudenau 254 | **ÖPNV** U 3, Station Schlachthausgasse, dann Bus 77A; oder Straßenbahn 18, Station Schlachthausgasse und dann Bus 77A

78_Der Gürtel

Wiens Kiez

Der Gürtel zählt nicht unbedingt zu den Renommiermeilen der Stadt. Er ist eine der Hauptverkehrsadern, rund um die Uhr fließt der Verkehr – wenn es sich nicht staut. 1704 wurde dort, wo heute der Gürtel in mehreren Abschnitten verläuft, zur Verteidigung der Stadt der Linienwall angelegt. 1890 kam es zur Eingemeindung der Vorstädte in die Stadt. Das riesige ringförmige Areal, das die Stadt umschloss, wurde zum Bau der Stadtbahn genutzt. Heute fährt auf der alten Bausubstanz die U6.

Architekt Otto Wagner erhielt den Auftrag für die Gestaltung des Gürtels. Er baute 30 Stationsgebäude, nahm sich die Ringstraße als Vorbild und errichtete einen Boulevard mit Alleen. Der Gürtel entwickelte sich zur angesagten Wohngegend. Das änderte sich, als sich das Auto durchsetzte und der Verkehrslärm im Laufe der Jahrzehnte nahezu unerträglich wurde. Zusehends verfiel der Gürtel, was anhand vieler Wohnhäuser nicht zu übersehen war. Bis heute hat sich an dem Zustand wenig geändert. Heute leben hier vielfach Ausländer unterschiedlicher Nationen, teilweise unter äußerst schlimmen Bedingungen. Zahlreiche Häuser sind Spekulationsobjekte profitgieriger Inhaber, die jedes Schlupfloch in der Gesetzeslage kennen. Daher ist es für die zuständigen Behörden sehr schwierig einzuschreiten, um Missstände abzustellen.

Dafür siedelte sich das Rotlicht an. Zuerst war es unkontrolliert, dementsprechend fanden viele Revierkämpfe statt. Erst Heinz »der Rote« Bachheimer und Eduard »der schöne Ederl« H. schafften für längere Zeit Ordnung. Eine Seite des Gürtels kontrollierte »der Rote«, die andere fiel in H.s Zuständigkeitsbereich. In der 1990ern wurden die Stadtbahnbögen von der Stadt Wien restauriert und vermietet. Zahlreiche neue Lokale siedelten sich an, die sich rasch zu In-Treffs entwickelten. Das Rotlicht blieb, wenn auch heute unter anderen gesetzlichen Bedingungen seitens des Staates und der Stadt.

Adresse Gürtel (durchläuft mehrere Bezirke) | **ÖPNV** U 6, Stationen Spittelau, Nußdorfer Straße, Währinger Straße / Volksoper, Michelbeuern, Alser Straße, Josefstädter Straße, Thaliastraße, Burggasse / Stadthalle, Westbahnhof

79 Der Vermittler

Versicherung gegen Häfen

Im Mai 1985 erwiesen die *Galerie* und das Milieu einem von ihnen mit einem prunkvollen Begräbnis die letzte Ehre. Mit 43 Jahren war Bernhard Wesely an Leukämie gestorben. Vielleicht zur richtigen Zeit? Heinz »der Rote« Bachheimer war Alleinherrscher, und Gerüchte kursierten, dass es möglicherweise zu einer Konfrontation mit Wesely gekommen ist. Wesely war der Schlichter, der Vermittler, der keinen Streit suchte. Obendrein achtete er auf ein gutes Einvernehmen mit der Polizei. Razzien störten die Geschäfte, und Revolverhelden versauten das Image. Wesely war der erste Unterweltboss, der seine Leute gegen Haft versicherte, wenn sie im Zusammenhang mit seinen Geschäften in die Bredouille gerieten. Zwischen 500 und 2.000 Schilling für jeden Tag im *Häfen* (Gefängnis), je nach Rang und Namen. Ähnlich wie heute bei russischen Gangstern, wo es den *obschak*, einen Gemeinschaftstopf für ihre Leute, gibt, wenn sie einsitzen müssen.

Natürlich ging es auch bei Wesely um Prostitution und Glücksspiel, den *Stoß*. Donnerstags war immer »Gerichtstag« im damaligen Café Espresso unterm Stadtbahnbogen. Sein Wort hatte Gewicht, und die *Galerie* hielt sich an seine Weisungen. Zu dieser Zeit galt Bachheimer im Milieu hinter vorgehaltener Hand als erledigt und abgewirtschaftet. Bloß hatte er seine Interessen längst in ein anderes Metier verlegt, wovon anscheinend nur seine engsten Leute Bescheid wussten.

Außerdem war Wesely ein erfolgreicher Boxpromotor. Er holte den Serben Edip Secovic nach Wien, der es dort bis zum Europameister im Halbmittelgewicht brachte. Nach seinem Karriereende führte er ein Lokal. 2008 wurde Secovic von einem rabiaten tschetschenischen Gast erstochen. Wesely war außerdem ein erfolgreicher Immobilienunternehmer. Sein Imperium verwaltete er vom *69er-Haus* am Gaudenzdorfer Gürtel 47 aus. Heute erinnert nichts mehr an die äußerst fragwürdige Vergangenheit dieses Gebäudes.

Adresse 12. Bezirk, Gaudenzdorfer Gürtel 47 | ÖPNV U 4, Station Margaretengürtel

80_Der Verlierer

Der »schöne Ederl« schlägt zu

Nach dem Begräbnis von Bernhard Wesely ging es um sein Erbe, sein Immobilien-Imperium. Die Firma Maschek GesmbH übernahm die Liegenschaften, scheiterte jedoch. Nun sah Rainhard Stepanek seine große Chance gekommen. Im Milieu war er bereits zu Lebzeiten Weselys als dessen Nachfolger gehandelt worden, doch er hatte einen mächtigen Gegner: Eduard H. Der »schöne Ederl« regierte seine Gürtelseite von seinem Landhaus im Waldviertel aus, kehrte aber nach Wien zurück und wollte den gesamten Kuchen. Im *69er-Haus* sollen Schießereien stattgefunden haben, brodelte es in der Gerüchteküche. Die Polizei stand auf verlorenem Posten. Das Haus war bestens abgesichert. Drei Mal mussten die *Kiberer* (Kriminalpolizei) erfolglos abziehen.

Nur mit Hausdurchsuchungsbefehl, hieß es, und den gab es nicht. Stepanek leitete seine Geschäfte vom Mariahilfer Gürtel 11 aus. Heute ist hier ein Nonnenkloster untergebracht. Bereits 1977 hatte der schlaue Stepanek eine Marktlücke entdeckt. Prostituierte, die nicht auf der Straße oder in einem Bordell arbeiteten, hatten wegen häufiger Männerbesuche oft Probleme mit Vermietern. Wesely und Stepanek kauften um knapp 800.000 Schilling – den Kredit stellte die Volksbank – das Haus Mariahilfer Gürtel 11 und ließen es umbauen. Nun hatte jedes Mädchen ihr Zimmer, bezahlte täglich Miete und war geschützt. Was sich im Zimmer abspielte, interessierte Wesely und Stepanek nicht. Sie waren vor dem Gesetz aus dem Schneider. Das Geschäft florierte. Die beiden expandierten, kauften Häuser am Lerchenfelder Gürtel 5 und am Währinger Gürtel 117. Es waren die Prototypen für die späteren Laufhäuser. Als Wesely starb, war Stepanek hilflos. Ihm fehlte das Durchsetzungsvermögen. Jetzt kam Eduard H. zum Zug und übernahm, was die beiden aufgebaut hatten. Stepanek sah durch die Finger. Nun wurde der »schöne Ederl« zum ungekrönten König, der im Verborgenen die Fäden zog.

Adresse 15. Bezirk, Mariahilfer Gürtel 11; 18. Bezirk, Währinger Gürtel 117 | ÖPNV U 6, Station Gumpendorfer Straße; U 6, Station Nußdorfer Straße

81 Drei Kugeln

Glückloses Händchen

Fünf Treffer kassierte der Kaufmann Heinz Strnad am 18. Dezember 1989 in einer Tiefgarage in der Sieveringer Straße 79B. Sie verletzten ihn schwer, eine Warnung. Gegenüber der Polizei schwieg das Opfer – aus gutem Grund. Offiziell vermögenslos, betätigte Strnad sich als Konsulent in Kapitalbeteiligungsgesellschaften, als Finanzjongleur, und verfügte als solcher über exzellente Verbindungen in die Unterwelt. Allerdings baute Strnad mit Handelsgesellschaften erheblichen Mist. Angeblich mischte er in einem Scheinfirmennetzwerk mit, in dem Strohleute Anteile und Konzessionen hielten, die wahren Besitzer jedoch Unterweltgrößen waren. Strnad und Rainhard Stepanek kannten sich. Stepanek hatte die Idee, Stoßspieler über eine Pfandleihe mit Barem zu versorgen. Für diesen Plan konnte der damals größte österreichische Vermögensberater gewonnen werden. Das Trio infernale realisierte das Projekt über die »Drei Kugel-Pfandleihanstalt« mit der noblen Adresse Kärntner Straße. Daraus wurde ein gewaltiger Finanzskandal, Strnad abermals Opfer eines Attentates.

Am Morgen des 17. Oktober 1990 parkte er sein Auto in der Opern-Garage. Als er die Treppe hochging, stand dort eine präparierte Holzkiste. Per Funk löste ein Unbekannter die Zündung aus, und Strnad wurde von einer Schrottladung getroffen. Er musste notoperiert werden, schwieg jedoch abermals vor der Polizei. Nun nahmen Polizei und Staatsanwaltschaft die Pfandleihe auseinander. 20 Personen gerieten in Verdacht des schweren Betrugs, der Untreue und fahrlässigen Krida. Heraus kam am Ende: nichts. Strnad, Stepanek und der Vermögensberater kamen ungeschoren davon. Stepanek setzte sich nach Paraguay ab, wollte in einem Casino mitmischen, scheiterte. Strnad hatte genug Dreck am Stecken, soll sogar Eduard H. gelinkt haben. Man sah ihn in Wien, in Südamerika, auf Bali, manchmal sogar zeitgleich. Andere meinten, er habe Selbstmord begangen.

Adresse 1. Bezirk, Kärntner Straße 51 | ÖPNV U 1, Station Karlsplatz, Ausgang Oper

82 Die Unsichtbaren

Die Strippenzieher

Inzwischen war die Organisierte Kriminalität durch Geldwäsche und andere dubiose Transaktionen im legalen Wirtschaftskreislauf etabliert. Glücksspiel und Prostitution brachten Unsummen an schwarzen Gewinnen. Dafür sorgten mit allen Wassern gewaschene Topanwälte und zwielichtige Finanzdienstleister. Der »Rote Heinzi« und Bernhard Wesely genossen in der Unterwelt stets einen Sonderstatus. Was Rainhard Stepanek mit Hostessenwohnungen begonnen hatte, setzte der ehemalige Würstelstandbesitzer Helmut Langer fort. Selbst ein *Frankist* (unbescholtener Bürger), erwirtschaftete er mit Wohnungen für Prostituierte ein Vermögen. In seinem ersten Haus in der Schmelzgasse waren offiziell Studentinnen, Lehrerinnen und Krankenschwestern untergebracht.

Bald gehörten Langer mehr als 100 Häuser. Darunter das größte Haus für käufliche Liebe am Währinger Gürtel 117 und das Hotel Bauer in der Graumanngasse 16.

Auf seiner Gürtel-Seite regierte der staatenlose und offiziell vermögenslose Eduard »der schöne Ederl« H. Er besaß einen Grund in Gutau im Waldviertel und eine Villa in Klosterneuburg-Kierling nahe Wien, nicht schlecht für einen Vermögenslosen. In den 1980er Jahren kam H. am Gürtel als Gesellschafter der Donauer GesmbH ins Spiel. Geschäftsführer Gustav R., ein Elektriker aus Ottakring, erhielt von H. eine unbeschränkte Vollmacht. Diese GesmbH stand, zumindest laut Insidern, hinter etlichen Gürtel-Puffs, darunter die Etablissements »Contessa-Club«, »Angelique«, »Herz-As«, »Pension Claudia«, »Garten der Liebe«, »Conte Club«, »Club Senat« und die »Okay-Bar« am Neubaugürtel 42. Auch »Emanuelle« in der Felberstraße war angeblich dabei. Ziemlich kafkaesk, aber so ist Wien nun einmal. Für die Betriebskonzessionen war die MA 7 (Magistratsabteilung), die Kulturabteilung der Stadt Wien, zuständig. Man vergab Kinokonzessionen für die »fallweise öffentliche Aufführung von Schmalfilmen«.

Adresse 18. Bezirk, Währinger Gürtel 117; 15. Bezirk, Graumanngasse 16 | **ÖPNV** U 6, Station Nußdorfer Straße; U 6, Station Gumpendorfer Straße

83_Schutzgeld

Was soll das sein?

Camorra, Sacra Corona Unita, 'Ndrangheta, Cosa Nostra, die Triaden, die Yakuza, russische Gangstersyndikate und Drogenkartelle kassieren willkürlich festgesetzte Schutzgelder von den Inhabern unterschiedlicher Betriebe. Wenn sie zahlen, droht ihnen kein Ungemach.

Angeblich gab (gibt?) es diese Praktik auch am Gürtel. Behauptet(e) zumindest die Polizei. So zahlten rund drei Viertel aller Lokalbetreiber auf der sündigen Meile »freiwillig« an sogenannte stille Teilhaber. Natürlich dementierten sämtliche Betreiber, tun diese Behauptung als Hirngespinst und Phantasterei ab. Andererseits, wer will schon plötzlich auftauchende Rollkommandos in seinem Laden, die alles kurz und klein schlagen, die Mädchen und Freier verprügeln, weil man nicht bereit ist, sein Lokal der Konkurrenz zu überlassen? Dann lieber den geforderten Obolus bezahlen und Maul halten. Manchmal wurde auch eine Stoß-Partei gesprengt, weil sie zu viel umsetzte.

In der 1980er und 1990er Jahren war die Stimmung oft extrem aufgeheizt und gefährlich. Alfred Kreuzer, ein noch verbliebenes Urgestein der alten Unterwelt und Betreiber des »Club 28«, brachte wieder Ruhe ins Rotlicht hinter dem Westbahnhof. Kam es dennoch zum *Wickel* (Streit), klärte man es intern. Kreuzer zählte zum Kreis um Eduard H. Ein besonderer Brennpunkt war das 5er-Haus am Lerchenfelder Gürtel, das Eduard H. zugerechnet wurde. Auch dort lief das verbotene Stoß-Spiel. Den Ton gaben Harald H. und Georg Roman H. an. Beide gehörten zu Eduard H.s engstem Umfeld, waren polizeibekannt. 1990 ignorierte Georg Roman H. einen Haftbefehl. Zusammen mit Harald H. hatten die beiden eine Latte an kriminellen Taten begangen. Harald H. saß bereits im *Häfen* (Gefängnis). Auf Georg Roman H. wartete Haft, und die Finanzbehörden saßen ihm im Nacken. Dumm gelaufen, dass Eduard H.s Handlanger vergaßen, kompromittierende Unterlagen rechtzeitig verschwinden zu lassen.

Adresse Club 28, 15. Bezirk, Felberstraße 28/Holochergasse | ÖPNV U 6, Station Schweglerstraße; oder U 6, Station Johnstraße, dann Bus 12A, Station Schweglerstraße

84 Ein Kroate räumt auf

Staatsfeind Nummer eins

Mauerfall, Jugoslawien-Krieg, der Zusammenbruch des Ostblocks. Für die Unterwelt nur von peripherem Interesse. Dachte man. Ein schwerer Fehler. Man war absolut nicht gewappnet gegen das Eindringen der Russen, Georgier, Jugoslawen, Ukrainer und Tschetschenen, die skrupellos in heimische Reviere eindrangen. Diese neue, gefährliche Entwicklung wurde schlicht verschlafen und anfänglich nicht ernst genommen. Die Unterweltgrößen wurden schneller entthront, als sie schauen konnten. Dazu noch die eigenen Probleme mit der Stadt.

Wiens Image sollte international aufpoliert werden. Das Rotlicht störte, besonders am Gürtel. Der damalige Bürgermeister Helmut Zilk und Polizeipräsident Günther Bögl setzten auf koordinierte Großrazzien, die für permanente Unruhe sorgten und die Geschäfte stören sollten. Netter Versuch, aber ein Schuss ins Knie. Nur kleine, unbedeutende Fische gingen ins Netz. An die Großen kam die Polizei nicht heran. Das Milieu erhielt *Zunds* (Tipps), Razzien wurden verpfiffen.

Zu allem Verdruss tauchte plötzlich einer auf, der bereits in Oberösterreich für Aufsehen gesorgt hatte. Einer, der überhaupt nicht ins klassische Klischee des Unterweltlers passte. Strikter Nichtraucher und Antialkoholiker, vehementer Drogengegner, Veganer, mehrsprachig, gebildet, hochintelligent, belesen in der Philosophie, bekennender Buddhist. Zu viel für die heimischen *Strizzis*. Der Kroate Richard Steiner, mit richtigem Namen Vladimir Barišić und nach eigener Aussage Ex-Fremdenlegionär sowie einer der Leibwächter des damaligen kroatischen Präsidenten Franjo Tuđjman, etablierte sein Headquarter im »Pour Platin« am Neubaugürtel 13–15. Doch Steiners heimlicher Mentor war Eduard H., der »schöne Ederl«, der weiterhin die Fäden zog. Nur der »Rote Heinzi« – Heinz Bachheimer – und der »Aaugerte« (Einäugige), bedingt durch einen Kopfschuss, genossen weiterhin Sonderstatus.

Adresse »Pour Platin«, 15. Bezirk, Neubaugürtel 13–15 | **ÖPNV** U 3, U 6, Station Westbahnhof

85 Kleines und großes Taxi

Todfeinde

Im Handstreich hatte Richard Steiner den Gürtel übernommen. An seiner Seite der ehemalige serbische Profiboxer Dusan »Rocky« R. und Peter A., der »lange Peter«, ein Schrank von einem Mann, weit über zwei Meter groß. Ebenso der gebürtige Vorarlberger »Easy, der Tätowierte«. Die alteingesessene *Galerie* sah ihre Felle davonschwimmen. Erklärter Todfeind Steiners war Harald H., der in den späten 1980er Jahren am Gürtel für ziemlichen Radau sorgte und von der Galerie argwöhnisch beobachtet wurde. Durch seinen Stiefvater Karl Kolar, der eine Institution mit Handschlagqualität gewesen war, genoss H. jedoch Respekt. Gerüchten zufolge stand Dragan »Repic« (Zopf) J., ein Mann fürs Grobe und gefürchteter Schläger, in H.s Diensten.

Der alte Kodex der Unterwelt verfiel zusehends. Richard Steiner zog völlig neue Saiten auf, womit H. und seine Leute überhaupt nicht einverstanden waren. Das Machtgefüge hatte sich erneut verschoben, allerdings zu Ungunsten für die Wiener Unterwelt. Mittendrin einige hochkarätige *Kiberer* (Kriminalbeamte), die für die neuen Herren arbeiteten. So existierten »Sperrlisten« von Etablissements, die vor Razzien geschützt waren. Selbstredend, dass dieser Service nicht gratis war.

Steiner und »Rocky« boten einen besonderen Schutz durch den »Nokia Club« an. Rund 20 Lokale machten davon Gebrauch. Zwischen 700 und 2.000 Euro monatlich zahlten die Betreiber für diesen Schutz. Gab es *Brösel* (Streit) in einem Etablissement oder Probleme mit der Konkurrenz, wählte man eine bestimmte Handynummer. Bestellte man ein »kleines Taxi«, kamen zwei Schläger, beim »großen Taxi« waren es fünf. Danach war Ruhe und einige Leuten ziemlich *bedient* (verletzt). Da sich die »Friedensstifter« untereinander mit Nokia-Handys verständigten, wurde die Truppe »Nokia-Club« genannt.

In kurzer Zeit war Richard Steiner groß geworden. In den Augen seiner Feinde viel zu groß. Daher musste gehandelt werden.

Adresse Wiens sündige Meile: der Gürtel (zieht sich durch mehrere Bezirke) | **ÖPNV** U 6, Stationen Nußdorferstraße, Währinger Gürtel, Michelbeuern, Alserstraße, Josefstädterstraße, Thaliastraße, Burggasse

86 Der Polizeiskandal

Der Boss muss weg

Das »Pour Platin« war Dreh- und Angelpunkt. Etliche Kriminalbeamte gerieten schwer in die Bredouille. Allen voran ein Chefinspektor, der mit sämtlichen Größen der neuen Unterweltführung bestens bekannt war. Einem hochrangigen Kriminalisten wurde besonders übel mitgespielt. Völlig zu Unrecht, wie sich später herausstellte, der Beamte wurde wieder vollständig rehabilitiert. Schließlich artete die Verflechtung zwischen Unterwelt und Polizei zu einem gewaltigen Skandal aus. Nachdem die eigenen Reihen von korrupten Beamten gesäubert waren, konnte Tabula rasa gemacht werden. Richard Steiner war zu einer Gefahr geworden. Heimlich wurde sein Hauptquartier, das »Pour Platin«, verwanzt und mit Minikameras ausgestattet. Steiner und seine Leute bekamen davon nichts mit. Er beging den schweren Fehler, sich zu sicher zu fühlen. Jedes Wort wurde mitgehört, und sämtliche Vorgänge wurden beobachtet. Im April 2010 klickten die *Achter* (Handschellen).

Um 7 Uhr am Ostersonntag stürmten Spezialkräfte das »Pour Platin« sowie Wohnungen in Wien, Nieder- und Oberösterreich, München und Spanien. Steiner und seine Getreuen, insgesamt elf Personen, wurden völlig überrumpelt abgeführt. Die Staatsanwaltschaft wollte Steiner unbedingt den Mafia-Paragrafen (§278a StGB), Bildung einer kriminellen Organisation, anhängen. Die Beschuldigungen wogen schwer: Menschenhandel, Schutzgelderpressung, Geldwäsche und Mordversuch. Doch es kam nichts heraus. Zwei Jahre saß Steiner in U-Haft. Dann stoppelte die Staatsanwältin eine dünne Anklageschrift zusammen, die 2013 im Prozess von der Verteidigung zerpflückt wurde. Übrig blieben Steuerhinterziehung und Sachbeschädigung. Dafür gab es drei Jahre Haft, aber Steiner verließ als freier Mann den Gerichtssaal. Ein Jahr wurde bedingt nachgesehen, die restlichen zwei waren durch U-Haft getilgt. Steiner kehrte dem Rotlicht endgültig den Rücken.

Adresse 15. Bezirk, Neubaugürtel 13–15 | **ÖPNV** U 3, U 6, Station Westbahnhof

87_In der Berggasse

»Leg nieda«

Wenn im Hinterzimmer eines einschlägigen Cafés nach einer bestimmten Person gefragt wurde und es hieß, die sei in der Berggasse, wussten alle Bescheid. Wer eine entsprechende *Speisekarte* (Vorstrafenregister) vorweisen konnte, für den wurde es sehr eng. Das Sicherheitsbüro fürchteten *Strizzis* und *Pülcher* wie der Teufel das Weihwasser. Besonders in der Hochblüte der Wiener Unterwelt herrschte dort ein ständiges Kommen und Gehen.

Hinter den verschlossenen Türen der Verhörzimmer konnte es passieren, dass es einen verstockten Kriminellen durch eine Watsch'n vom Stuhl fegte. Oder einer stürzte unglücklich und brach sich dabei das Nasenbein. Wenn einer nicht *niederlegen* (gestehen) wollte, wurde etwas nachgeholfen. Die Kriminalbeamten wussten, dass es sich der Misshandelte dreimal überlegte, rechtliche Schritte zu ergreifen. Natürlich hüteten sich die *Kiberer*, brachial gegenüber einem Capo aufzutreten. Entweder wartete dessen Anwalt bereits im Flur, oder er saß ohnehin neben seinem Mandanten. Mit Gewalt ließ sich ein gestandener *Strizzi* nicht einschüchtern.

Wurde die *Galerie*, das Verbrecheralbum, ausgebreitet, kannte ein *Steher* (Nicht-Geständiger) manchen *Pülcher* (Verbrecher) nur flüchtig oder überhaupt nicht, obwohl er mit dem Typen noch die letzte Nacht durchgesoffen hatte. Wurden Beweisstücke vorgelegt, folgten die üblichen Antworten: Nie gesehen, kenne ich nicht, was soll das sein? Oder ein *Wamser* (Verräter) saß im Zimmer, verpfiff einen geplanten Coup, weil er noch eine Rechnung offen hatte.

Ein legendärer Leiter des Sicherheitsbüros war Max Edelbacher, in dessen Ära einige spektakuläre Fälle gelöst wurden.

Mit Innenminister Ernst Strasser (ÖVP) und seinen umstrittenen Reformen endete die 143-jährige Geschichte dieser Institution 2001. Leiter der KD 1 (Kriminaldirektion, Nachfolger des Sicherheitsbüros) wurde eine weitere Kriminalisten-Koryphäe: Ernst Geiger.

Adresse ehemaliges Sicherheitsbüro, 9. Bezirk, Berggasse 43/Ecke Rossauer Lände | ÖPNV U 4, Station Roßauer Lände

88_D'Liesl

Leider keine fesche Katz

»A fesche Katz« nennt man in Wien eine schöne Frau. Doch davon ist diese Liesl weit entfernt, denn es handelt sich hierbei um das Polizeigefangenenhaus gleich um die Ecke des ehemaligen Sicherheitsbüros. Die alte Adresse lautete Kaiserin-Elisabeth-Promenade. Der Volksmund bezeichnete diesen *Häfen* (Gefängnis) nur als »Liesl«. Die Haftanstalt ist im Polizeigebäude integriert, das zwischen 1901 und 1904 unter der Amtszeit des Polizeipräsidenten Johann Habrda nach den Plänen von Emil Förster erbaut wurde.

Wer im Sicherheitsbüro *niederlegte* (ein Geständnis ablegte) und *meier ging*, *verschütt wurde* (festgenommen, verhaftet wurde), landete in der »Liesl«. In früheren Zeiten, als Wien von einer Stadtmauer umgeben war, lag an dieser Stelle der unregulierten Donau der Hauptstapelplatz für Waren, die auf dem Wasserweg in die Stadt gebracht wurden. Die »Lampelmaut« wurde hier eingehoben. 1725 fand diese Maut erstmals Erwähnung. Das Mautgebäude stand in der Rossau »Auf der Scheiben«. Der Name für diese Steuer ging auf das Einkehrwirtshaus »Zum weißen Lämbl« (auch »Zum Lampel« und »Zum goldenen Lamm«) zurück. Es befand sich ungefähr auf Höhe der Nummer 43 in der Berggasse. In dem Gasthaus verkehrten Schiffsleute. Es ist anzunehmen, dass es dabei nicht immer gesittet zuging.

Im Austrofaschismus (1934–1938) und im Nationalsozialismus (1938–1945) waren in der »Liesl« zahlreiche Regimegegner und politische Gefangene inhaftiert. Beispielsweise der spätere Bundeskanzler Bruno Kreisky, Ceja Stojka, Margarete Schütte-Lihotzky, der künftige Gewerkschafter und Innenminister Franz Olah, der Gewerkschafter Otto Skritek, der Gesundheitsstadtrat Julius Tandler und andere. Am 1. April 1938 erfolgte der erste sogenannte »Prominenten-Transport« von der »Liesl« zum Westbahnhof, wo die Menschen in Güter- und Viehwaggons gepfercht wurden. Die Fahrt endete im KZ Dachau.

Adresse Polizeigefangenenhaus, 9. Bezirk, Rossauer Lände 7–9 | **ÖPNV** U 4, Station Roßauer Lände

89 Das Graue Haus

Hinter schwedischen Gardinen

Das Gebäude wirkt düster und martialisch, selbst bei Sonnenschein. Wer daran vorbeigeht, ist froh, nicht hineinzumüssen. Drinnen mahlen die Mühlen der Justitia. Wenn die Plädoyers der Anwälte nichts fruchten und je nach Schwere der Straftat wandert der Verurteilte gleich nach der Urteilsverkündigung in das angeschlossene Gefängnis, das heute längst aus allen Nähten platzt. Der Name »Graues Haus« leitet sich von der grauen Häftlingskleidung ab. Das Graue Haus beherbergt das Landesgericht für Strafsachen Wien und die Vollzugsanstalt. Hier landen Untersuchungshäftlinge, und nach dem Urteil werden Strafen bis zu 18 Monaten verbüßt. In der JVA Josefstadt, so die offizielle Bezeichnung, sind in einer eigenen Abteilung jugendliche Untersuchungshäftlinge und Strafgefangene untergebracht. Außenstellen der JVA Josefstadt gibt es – für Gefangene mit Lungenproblemen – auf der Wilhelmshöhe in Pressbaum, Niederösterreich, sowie im Krankenhaus der Barmherzigen Brüder im 2. Bezirk.

In der JVA Josefstadt werden künftige Justizwachebeamte ausgebildet. Der zentrale Überstellungsdienst verteilt Verurteilte mit unbedingten Haftstrafen über 18 Monate auf die anderen österreichischen JVAs. Hier finden immer aufsehenerregende Prozesse statt, und die *Kiebitze* (Zuhörer) raufen um die Plätze.

Der Ursprung des Grauen Hauses geht auf Kaiser Franz I. zurück, der 1831 den Bau eines *Criminalgerichtsgebäudes* veranlasste. 1839 war der Bau fertiggestellt. Zuvor waren Kriminalprozesse auf der *Schranne* – eine alte Bezeichnung für Gericht – in den heutigen Tuchlauben 8 und am Hohen Markt 10–11 abgehalten worden. Unter den Nazis war das Graue Haus Hinrichtungsstätte für politische Häftlinge.

Da die JVA Josefstadt längst nicht mehr den Anforderungen des modernen Strafvollzugs entspricht, wird das Gefängnis seit 2020 schrittweise generalsaniert, um- und ausgebaut.

Adresse 8. Bezirk, Landesgerichtsstraße 9A–11 | **ÖPNV** U2Z, Station Rathausplatz/Burgtheater, dann Straßenbahn 43, 44, Station Landesgerichtsstraße

90 Der Justizpalast

Am besten nicht anstreifen

Das Gebäude wirkt freundlicher als das Graue Haus. Wer kein Richter, Staatsanwalt, Anwalt oder Justizangestellter ist, will mit dem Justizpalast nichts zu tun haben. Außer, man gewinnt seinen Prozess sicher. Im Haus sind der Oberste Gerichtshof, die Generalprokuratur, das Oberlandesgericht Wien, die Oberstaatsanwaltschaft Wien und das Landesgericht für Zivilrechtssachen Wien vertreten. Früher war hier das Justizministerium untergebracht. Heute residiert das Ministerium im Palais Trautson, genau gegenüber dem Justizpalast.

Das Gerichtsgebäude wurde von 1875 bis 1881 im Stil der Neorenaissance nach den Plänen von Alexander Wielemans von Monteforte und seinen Bauleitern Paul Lange und Dominik Avanzo errichtet. Es ist ein typisches Bauwerk der Gründerzeit. Sehenswert ist die Aula mit den Freitreppen. Die Statue der Justitia in der Mitte mit Gesetzbuch und vergoldetem Schwert schuf der Südtiroler Bildhauer Emanuel Pendl.

In der Zwischenkriegszeit fiel ein düsterer Schatten auf den Justizpalast. Der Sturm auf das Gerichtsgebäude am 15. Juli 1927 ging als *Julirevolte* in die Geschichte ein. Anlass war das sogenannte *Schattendorfer Urteil.* Mitglieder der paramilitärischen Frontkämpfervereinigung Deutsch-Österreich lieferten sich eine bewaffnete Auseinandersetzung mit Sozialdemokraten im burgenländischen Schattendorf, wobei zwei Unbeteiligte, ein sechsjähriger Junge und ein Invalider, getötet wurden. Freispruch für die Todesschützen. Nachdem das Urteil bekannt geworden war, wurde zu einem Proteststreik aufgerufen. Da die Erstürmung der Universität und des Parlaments fehlgeschlagen war, setzte die aufgebrachte Menge den Justizpalast in Brand. Polizeipräsident Johann Schober ersuchte um Unterstützung des Bundesheeres, doch er stieß auf Ablehnung. Daher ließ Schober die Polizei scharf schießen. Die bittere Bilanz: 84 tote Demonstranten, darunter 4 Polizisten, und Hunderte Verletzte.

Adresse Justizpalast, 1. Bezirk, Schmerlingplatz 10–11 | ÖPNV Straßenbahn D, 1, 2, 71, U2Z, Station Ring/Volkstheater, über Bellariastraße und Hansenstraße zum Schmerlingplatz

91 »Aufpassen, Herr Doktor«

Ein Chefredakteur im Visier

Im März 1925 betrat Otto Rothstock die Redaktion von »Bettauers Wochenschrift« und wollte den Chefredakteur Hugo Bettauer sprechen. Er wurde vertröstet, da der Journalist nicht anwesend war. Rothstock kehrte zurück, betrat Bettauers Büro, sagte »Herr Doktor, passen Sie auf« und schoss. Bettauer bekam fünf Treffer ab, konnte aus seinem Büro fliehen, brach zusammen. Der Attentäter sperrte sich im Büro ein. Die Polizei brach die Tür auf, und Rothstock ließ sich widerstandslos verhaften.

Warum ausgerechnet Bettauer? Der Sohn jüdischer Einwanderer hatte ein bewegtes Leben geführt. Mit 16 riss er aus, schaffte es nach Alexandria, kam wieder zurück. Er meldete sich bei den Tiroler Kaiserjägern, desertierte, ließ sich in Zürich nieder. Nach dem Tod des wohlhabenden Vaters trat er sein Erbe an, fuhr nach Amerika, verlor in einer riskanten Spekulation sein Vermögen. Im Imperium des Zeitungsmoguls Randolph Hearst holte er sich das journalistische Rüstzeug. Dann Berlin, wieder New York und Wien. Seine Bücher waren den aufstrebenden Nazis ein Dorn im Auge. Er gab die »Wochenschrift für Lebenskultur und Erotik«, »Er und Sie« und »Bettauers Wochenschrift« heraus, schrieb über Tabuthemen und wurde von den Nazis gehasst.

Otto Rothstock war eine gescheiterte Existenz. In der NSDAP hoffte er auf Anerkennung und beging das Attentat. Der Prozess war eine Farce. Sein Verteidiger, ein erklärter Nazi, plädierte auf Idealismus und Unzurechnungsfähigkeit und kam damit durch. Das Urteil: Freispruch. Rothstock landete für 20 Monate in der Psychiatrie, galt danach als gesund. Der gescheiterte Zahntechniker eröffnete mit Hilfe der NSDAP eine Dentistenpraxis, versuchte sich als Journalist und versagte. Er trat in die Waffen-SS ein, zog nach Kriegsende nach Hannover, arbeitete als Dentist. Noch 1976 bekannte er sich offen zu dem Mord. Bettauer war 16 Tage nach dem Attentat an dessen Folgen gestorben.

Adresse Bettauers ehemalige Redaktion: 8. Bezirk, Lange Gasse 5–7 | **ÖPNV** U 1, U 4, Station Karlsplatz, dann Straßenbahn 2, Station Rathaus

92 Ein Bezirk in Angst (1)

Die Bestien von Favoriten

Am Nationalfeiertag 1988 verließ die 20-jährige Verkäuferin Alexandra Schriefl die Diskothek »Azurro« in der Himberger Straße. Zuletzt wurde sie gegen 2.30 Uhr in einer nahen Telefonzelle gesehen. Sie rief ihren Freund an, der sie abholen sollte. Danach war sie verschwunden. Auch am nächsten Vormittag tauchte sie nicht auf, eine Suche wurde eingeleitet. Elf Stunden später fand man ihre nackte Leiche hinter einer Plakatwand, gefesselt an einem Baum und erdrosselt. In Verdacht geriet ein unbekannter maskierter Mann, der in diesem Viertel mehrfach Frauen attackiert und belästigt hatte. Doch er war verschollen. Verdächtig waren ebenso ein Mann, der sich mit Schriefl vor der Disco unterhalten hatte, und drei Burschen, die ihr angeblich gefolgt waren. Wieder ergebnislos. Mehr als 500 Personen wurden überprüft, inklusive der Discobesucher und der Gäste der angrenzenden Kegelbahn. Vorbestrafte Sexualstraftäter kamen ins Visier, doch der Mörder war nicht darunter.

Im Februar 1989 der nächste Mord. Die zehnjährige Christina Beranek war auf dem Heimweg von der Schule, kaufte in einer Trafik in der Per-Albin-Hanson-Siedlung ein Comicheft. Das war ihr letztes Lebenszeichen. Eine private Suchaktion wurde gestartet. Am nächsten Tag fand der Vater seine Tochter im 14. Stockwerk der Hausnummer 2. Halb entkleidet, missbraucht und an ein Geländer im Stiegenhaus B gefesselt. Ernst Geiger, der die Ermittlungen leitete, und seine Leute gingen von einem Serientäter mit besten Ortskenntnissen aus, da die Tat dem Schriefl-Mord ähnelte. Die Vermutung lag nahe, dass der Mörder in der riesigen Siedlung mit mehr als 11.000 Bewohnern lebte. Über 1.000 Personen im 10. Bezirk, alle 580 männlichen Bewohner des Blocks mit der Hausnummer 2, die älter als 13 Jahre waren, und 650 Wohnungen wurden überprüft. Spezielle Spurensicherer des BKA Wiesbaden halfen bei der Tatortuntersuchung.

Adresse 10. Bezirk, Favoritenstraße / Ada-Christen-Gasse / Alaudagasse | ÖPNV U 1, Station Alaudagasse

93 Keine Spur (2)

Aber ein neuerlicher Mord

Im Februar 1989 glaubten die Kriminalbeamten rund um Chefermittler Ernst Geiger bereits an einen Durchbruch, als sie einem 20-Jährigen auf die Spur kamen. Der junge Mann belästigte in den Aufzügen der Per-Albin-Hanson-Siedlung 9 kleine Mädchen, auch im Stiegenhaus B, in dem Christina Beraneks Leiche aufgetaucht war. Er war ein ehemaliger Schulkollege Alexandra Schriefls, die im Oktober 1988 ermordet worden war. Für die Mordnacht konnte er kein Alibi vorweisen. Allerdings schied er durch eine Blutgruppenuntersuchung als Täter aus und konnte obendrein für die Tatzeit des Todes von Beranek ein Alibi vorweisen. Wieder mussten die Ermittler bei null beginnen.

Im Dezember 1990 schlug der Mörder ein drittes Mal zu. Am Abend war die achtjährige Nicole Strau am Nachhauseweg von ihrem Onkel, der in der Simmeringer Hauptstraße wohnte. Die Kleine fuhr mit der Straßenbahn 71 und dem Autobus 15A. Am nächsten Tag wurde ihre Leiche im Laaer Wald entdeckt. Vergewaltigt, mit den eigenen Schuhbändern erdrosselt und mit einem Ast erschlagen. Wieder über 1.600 ergebnislose Personenüberprüfungen.

Die Fälle wurden in der TV-Sendung »Aktenzeichen XY...ungelöst« aufgerollt. Die Fernsehberichte brachten die Ermittler keinen Schritt weiter. Noch gab es in Österreich keine DNA-Datenbank. Man war auf die Blutgruppenbestimmung angewiesen. Bei einer Nicht-Übereinstimmung schied ein Verdächtiger aus. Erst ab Oktober 1997 stand eine DNA-Datenbank zur Verfügung. Die DNA des Schriefl-Mörders war die erste Probe, die registriert wurde. Noch immer dachten die Ermittler an einen Einzeltäter. Ernst Geiger und seine Leute waren am toten Punkt angelangt.

Dann spielte ihnen Kommissar Zufall in die Hände. Niemand hatte mehr damit gerechnet. Werner Pritsch war im September 2000 in einen Raufhandel verstrickt, griff auch die einschreitende Polizei an und wurde wegen Widerstands gegen die Staatsgewalt verhaftet.

Adresse 11. Bezirk, Simmeringer Hauptstraße | ÖPNV U3, Stationen Zippererstraße oder Enkplatz, dann Straßenbahn 11, 71

94 Der Durchbruch (3)

Es waren zwei

Werner Pritsch war für die Polizei kein unbeschriebenes Blatt. Daher musste er sich einer DNA-Probe unterziehen. Treffer. Drei Wochen später gab es eine Übereinstimmung mit der DNA des Mörders im Fall Alexandra Schriefl. Somit landete Pritsch am 1. Oktober 2000 wegen Mordverdachts in der U-Haft. Zwar war er nach dem Mord 1988 vernommen worden, aber die Gerichtsmedizin hatte ihm eine falsche Blutgruppe zugeordnet. Somit war er unverdächtig gewesen.

Die Akten wurden wieder aus den Schränken geholt. Von 25 Personen, die bereits 1990 im Mordfall Nicole Strau verdächtig waren, wurden DNA-Proben genommen, doch eine fehlte. Der polizeibekannte Michael Schetzl war unauffindbar. Man bekam heraus, dass er mit Nicoles Tante ein Verhältnis gehabt hatte, die ihm für die damalige Tatzeit ein Alibi verschafft hatte. Außerdem dürfte er das Mädchen vor dem Mord über einen längeren Zeitraum missbraucht haben. Im September 2001 wurde Schetzl in der Nähe seiner Wohnung verhaftet. Er verweigerte jegliche Aussage und den DNA-Test, was er bereits in den 1990er Jahren getan hatte, als er in den Kreis der Verdächtigen geraten war. Nun wurde die Probe mit richterlichem Beschluss angeordnet und konnte zwangsweise ausgeführt werden. Der DNA-Abgleich ergab das eindeutige Bild: Schetzl war Nicoles Mörder. Er erhielt lebenslang. Inzwischen ist er in der Haft verstorben.

Werner Pritsch erhielt für den Mord an Alexandra Schriefl lediglich 15 Jahre, da er zum Tatzeitpunkt noch keine 21 Jahre alt war. Er wurde als zurechnungsfähig bewertet, aber als geistig abnormer Täter und erhielt die Einweisung in den Maßnahmenvollzug. Er lehnte jede Therapie ab, verletzte 2018 einen Mithäftling.

Der Fall Christiane Beranek konnte nicht abgeschlossen werden, obwohl die Ermittler Pritsch für ihren Mörder hielten. Die Beweislage reichte nicht. Pritsch schwieg zu beiden Morden.

95 Schwitzen fürs Geschäft

Auf dem Bankerl wurde man einig

Die schweren Goldketten und die protzigen *Braßletten* (Schmuck) lagen in den Umkleidekabinen. Danach sahen alle gleich aus. Nur mit Badelatschen und Handtüchern bekleidet. Manche waren gleicher als gleich. Bei anderen war an einschlägigen Tätowierungen eindeutig zu erkennen, dass sie der Unterwelt angehörten. Viele mit den drei unscheinbaren Punkten in der Hautfalte zwischen Zeigefinger und Daumen: nichts hören, nichts sehen, nichts reden. Gemeinsam rann ihnen in Bächen der Schweiß über die durchtrainierten, massigen, dünnen oder ausgefressenen Körper.

In der »Pratersauna« trafen sich bis vor einigen Jahren alle, deren Wort Gewicht hatte. Sei es nun, dass sie der seriösen Gesellschaft angehörten oder der Halbwelt. Einträchtig saßen und lagen honorige Geschäftsleute, Anwälte, Politiker, *Kiberer* (Kriminalbeamte), *Pülcher* und *Strizzis* (Ganoven) in der Saunakabine dicht beisammen, wobei der *Schmäh* (typische Wiener Witz) nie zu kurz kam. Zwischen den Aufgüssen wurde so manches gemauschelt, so manches Geschäft, nicht immer legal, eingefädelt. Man besprach gewisse Steuertricks, erzählte von den neuesten Errungenschaften wie beispielsweise einem Maserati oder Ferrari. Schließlich konnte man es sich leisten. Die Puffs warfen einiges ab, die Mädels parierten. Natürlich waren stets Adabeis zu finden, die sich im Glanz dieser illustren Gesellschaft sonnten, wobei sie selbst *wie eine Kaisersemmel krachten* (am Rande der Pleite waren).

Heute ist die alte Pratersauna Geschichte. Ein moderner Club, der zum Imperium von Martin Ho zählt, einem gebürtigen Vietnamesen und Intimus des Ex-Kanzlers Sebastian Kurz, der Ho in seiner aktiven Zeit massiv protegierte. Doch wie in alten Pratersauna-Zeiten soll es in dem nunmehrigen Etablissement mitunter heftig schneien. So wie in anderen Lokalen dieses Betreibers. Doch das sind bloß Gerüchte.

Ein Schelm, der Böses dabei denkt.

Adresse Pratersauna, 2. Bezirk, Waldsteingartenstraße 135 | ÖPNV U 1, Station Schwedenplatz, dann Straßenbahn 1, Station Prater Hauptallee; oder U 2, Station Messe Prater

96 Literat auf Abwegen (1)

Hero der Society

Jack Unterweger ist in die internationale Kriminalgeschichte eingegangen. Ein Narziss, ein Menschenmanipulator, der als Serienmörder endete. Geboren 1950 als uneheliches Kind einer Kärntner Kellnerin und eines amerikanischen Besatzungssoldaten im steirischen Judenburg, wuchs Johann »Jack« Unterweger ohne Mutter beim Großvater mütterlicherseits in Kärnten auf. Jack beschrieb seinen Opa später als versoffen, verhurt und gewalttätig. Gemeinsam begingen sie kleinere Straftaten. 1996 landete Jack wegen Diebstahls für drei Tage in Haft und wurde danach für ein Jahr in die Bundesanstalt für Erziehungsbedürftige eingewiesen. Nach seiner Entlassung arbeitete er als Kellner, beging Einbrüche und Diebstähle, trat als Zuhälter auf.

Seinen ersten Mord verübte er im Dezember 1974 in Hessen, zusammen mit einer Bekannten. Ihr Opfer, Margret Schäfer, wurde beraubt, Jack schlug sie mit einer Stahlrute zusammen und erwürgte die Frau mit dem Draht des eigenen BHs. In Salzburg wurde Unterweger 1976 zu lebenslang verurteilt. Bereits 1973 war er unter Verdacht geraten, die 23-jährige Marica Horvath getötet zu haben, doch es fehlten ausschlaggebende Beweise.

In der Zelle begann er zu schreiben. Lyrik, Prosa, Drama, Erzählungen, Theaterstücke, Gute-Nacht-Geschichten für das »Traummännlein« im ORF. Seine Werke wurden publiziert, eines verfilmt. Unterweger wurde mit einem Literaturpreis für Häftlinge ausgezeichnet. Prominente Journalisten, Schauspieler und Schriftsteller wie die spätere Nobelpreisträgerin Elfriede Jelinek, Ernest Borneman, Milo Dor, Barbara Frischmuth, Günther Grass, Ernst Jandl, Günther Nenning und Erika Pluhar setzten sich für seine vorzeitige Entlassung ein. Alle gingen Unterweger letztendlich auf den Leim. Rasch wurde Unterweger als »Häfenpoet« oder »Häfenliterat« bekannt; in Deutschland als »Knastpoet« und in den USA als »Jack the Writer«.

Adresse Jack Unterwegers Wohnhaus: 8. Bezirk, Florianigasse 41 | ÖPNV Straßenbahn 2, Station Rathausplatz, über Landesgerichtsstraße in die Florianigasse

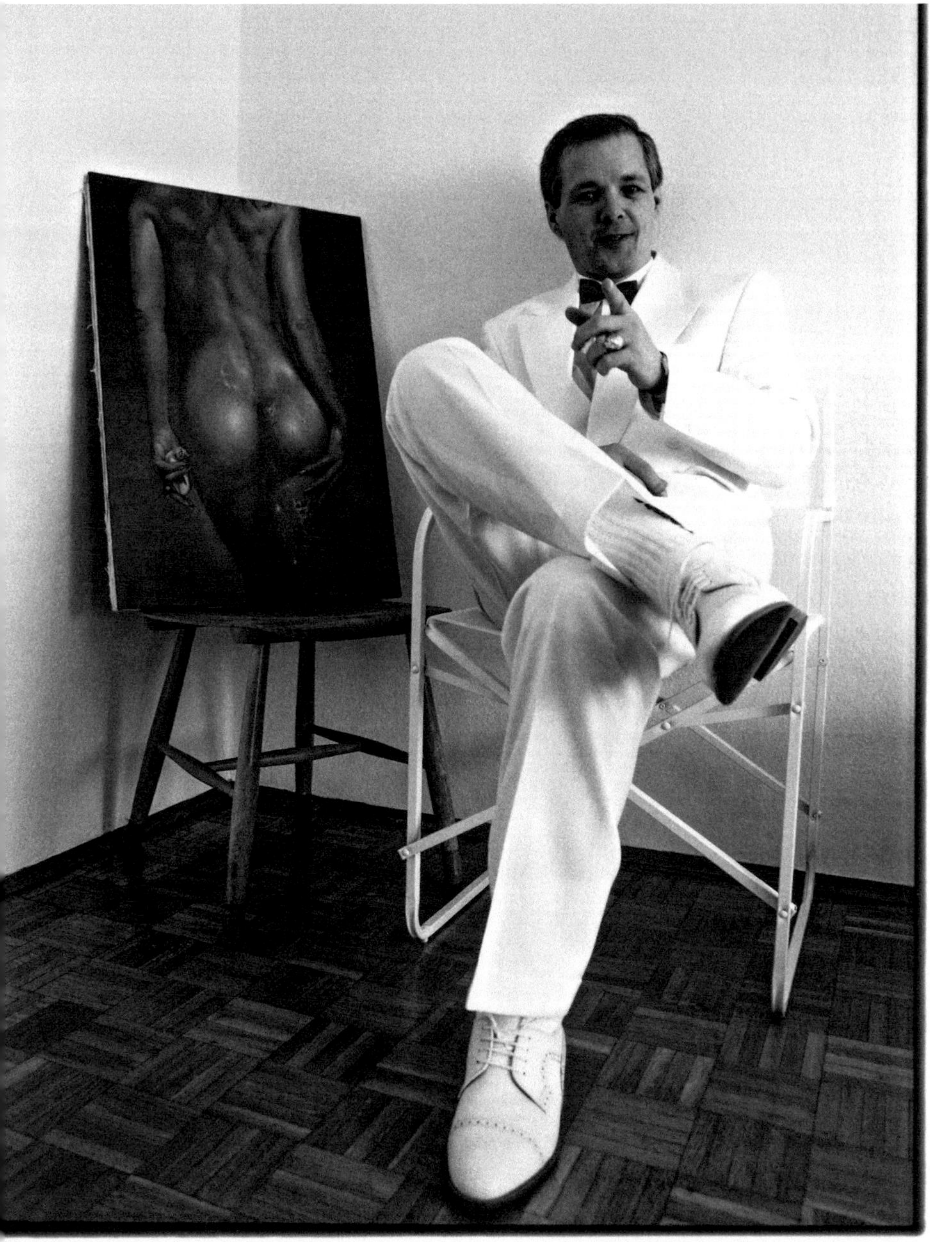

97 Killer mit Charme (2)

Frauenherzen schmolzen

Nach 16 Jahren öffneten sich für Jack Unterweger mit Zustimmung des Justizministers im Mai 1990 die Gefängnistore. Er wurde wie eine Trophäe herumgereicht, und er suchte das Rampenlicht. Stets im weißen Anzug und mit Blume im Revers. Die Medien rissen sich um ihn, die Bussi-Bussi-Gesellschaft schmückte mit ihm ihre Partys. Unterweger genoss die uneingeschränkte Aufmerksamkeit. Seiner Höflichkeit und seinem Charme konnten sich nur wenige Frauen aller Gesellschaftsschichten entziehen. Eine davon war die heutige Staranwältin Astrid Wagner, die weiterhin dazu steht. Unterweger war nicht unbedingt attraktiv. Von kleiner Statur, aber mit perfekten Umgangsformen. In seinen Händen wurden Frauen zu Wachs. Sechs Monate nach Unterwegers Entlassung begann eine Mordserie an Prostituierten.

Die Tatorte waren in Prag, Graz, Lustenau und Wien. So wurde im Mai 1991 im Schottenwald, der sich zwischen dem 14. und dem 17. Bezirk erstreckt, die Leiche von Sabine Moitzi entdeckt. Drei Prostituiertenmorde ereigneten sich in Los Angeles. Immer die gleiche Vorgehensweise. Der Mörder strangulierte seine Opfer mit deren Unterwäsche, indem er einen speziellen Knoten verwendete. Unterweger geriet in Verdacht, setzte sich mit seiner minderjährigen Freundin Bianca M. über die Schweiz in die USA ab. Inzwischen wurde er wegen elffachen Mordes gesucht. Am 27. Februar 1992 gelang dem FBI in Miami die Festnahme. Nach der Auslieferung an Österreich wurde Unterweger wegen neunfachen Mordes in Graz angeklagt.

Der Prozess wurde zu einem internationalen Medienspektakel. Unterweger genoss die Aufmerksamkeit. Er bestritt sämtliche Taten, doch die Indizien waren erdrückend. Auch eine FBI-Knotenspezialistin sagte aus. Unterweger erhielt lebenslang – ohne Chance, jemals wieder freizukommen. Noch in derselben Nacht erhängte er sich mit der Kordel seiner Jogginghose in der Zelle. Wieder mit dem gleichen Knoten.

Adresse 14. und 17. Bezirk, Schottenwald | ÖPNV U 4, Station Hütteldorf, dann Bus 52A, Station Jägerwaldsiedlung

98 Nicht schnell genug (1)

Die tödliche Spur eines Marathonläufers

Im März 1988 gingen Wiener Bankangestellte ihrem Job mit gemischten Gefühlen nach. Ein Serienbankräuber versetzte sie in Angst und Schrecken. Stets unkenntlich mit einer Ronald-Reagan-Gummimaske vor dem Gesicht und bewaffnet mit einer Pumpgun. Der Unbekannte zog eine wüste Spur durch Niederösterreich und Wien, erbeutete Millionen. Und er war verdammt schnell. Im Februar 1988 überfiel er an einem Tag drei Banken in Wien und eine in Niederösterreich. Knapp einen Monat später raubte der skrupellose Räuber eine Bank in der Krottenbachstraße 80 im 19. Bezirk aus.

Von den Medien wurde er als »Pumpgun-Ronnie« apostrophiert. Hinter der Maske steckte Johann Kastenberger, ein gebürtiger Niederösterreicher. Aus desolaten Familienverhältnissen stammend, rutschte er ins kriminelle Milieu ab. Mit 18 Jahren scheiterten Raubüberfälle auf einen Wiener Taxifahrer und einen Supermarkt. 1977 war eine Bank in Pressbaum sein Ziel. In einem Zug am Wiener Westbahnhof wurde er verhaftet und landete für sieben Jahre hinter Gittern. Vier Mal versuchte er auszubrechen, keine bedingte Haftentlassung. In Freiheit zog er 1984 zu einer Freundin in den 11. Bezirk. 1985, im August, wurde er wieder aktiv. Diesmal nicht als Bankräuber, sondern als Mörder. In Mautern erschoss Kastenberger mit einer Pumpgun Ewald Pollhammer, den er nicht leiden konnte. Acht Stunden später der nächste Banküberfall wieder in Niederösterreich. Keine Beute, denn Passanten hatten den verdächtigen Mann beobachtet, warnten die Angestellten. Kastenberger flüchtete, seine Freundin gab ihm ein falsches Alibi.

Danach überfiel er im Akkord Banken in Wien und Niederösterreich. Jedes Mal konnte Kastenberger trotz Großfahndung entkommen. Flüchtete er zu Fuß, hängte er als Marathonläufer spielend jeden Polizisten ab. Im November 1988 war endgültig Schluss. Das dachte zumindest die Kriminalpolizei.

Adresse 19. Bezirk, Krottenbachstraße 80 | **ÖPNV** U 4, Station Spittelau, dann Bus 35A, Station Rodlergasse; oder U 6, Station Nußdorfer Straße, dann Bus 35A, Station Rodlergasse

99 Der Sprung (2)

... und die Polizei hatte das Nachsehen

Der Filmtitel »Thomas Crown ist nicht zu fassen« hätte auch für Johann Kastenberger alias »Pumpgun-Ronnie« gepasst. Der nur 1,65 Zentimeter große Mann ging der Polizei immer wieder durch die Lappen. Doch der 11. November 1988 wurde sein Schicksalstag.

Seine Freundin, mit der er in Simmering zusammenlebte, ging zur Arbeit. Er startete seine Joggingrunde. Bis zu 40 Kilometer legte er täglich zurück. Als er den »Kainacher Bergmarathon« in der Steiermark gewann, ahnte keiner der Organisatoren, wem sie die Siegermedaille umhängten.

An jenem Tag lief »Pumpgun-Ronnie« über Kaiserebersdorf in die Praterauen bis zur Donau, weiter bis zum Freudenauer Hafen und retour. Wieder zurück, warteten zwei Kriminalbeamte. Ausschlagend waren weder die Phantom- noch die Bilder der Überwachungskameras in den überfallenen Banken gewesen. Es war der Mord an Ewald Pollhammer, den Kastenberger 1985 in Mautern bei Krems erschossen hatte. In der Gendameriekaserne Rennweg im 3. Bezirk gab »Pumpgun-Ronnie« sowohl die Überfälle als auch den Mord zu. Auch seine Freundin wurde verhaftet, wegen des falschen Alibis. Bei der Hausdurchsuchung in der Wohnung in der Kaiserebersdorferstraße 222 wurden Schlüssel für einen Banksafe gefunden. Der Inhalt: 5,8 Millionen Schilling.

Im Verhör wurden Kastenberger die Handschellen abgenommen. Plötzlich sprang er auf, stürzte sich durch ein Fenster aus dem ersten Stock und fiel auf ein darunter geparktes Auto. Kaum verletzt, rappelte er sich auf und war weg. Eine Verfolgung kreuz und quer durch Niederösterreich begann und dauerte zwei Tage. Kastenberger stahl Autos, versuchte, Geiseln zu nehmen. Bei der Ausfahrt der Mariazeller Bundesstraße nach St. Pölten wurde er in die Enge getrieben. Er erschoss sich in seinem Fluchtauto. Ob die Morde an dem Polizisten Friedrich Roger und an der Prostituierten Brigitte Hranka auf sein Konto gingen, bleibt wohl für immer ungeklärt.

Adresse ehemalige Gendameriekaserne: 3. Bezirk, Rennweg 89–93; Wohnung: 11. Bezirk, Kaiserebersdorferstraße 222 | ÖPNV U1, Station Karlsplatz, dann Straßenbahn 71, Station Oberzellergasse; oder U3, Station Schlachthausgasse, dann Bus 77A, Station Oberzellergasse; Wohnung: U3, Station Simmering, dann Bus 73A, Station Klebindergraben

100 Der Bärenreißer

Der Robin Hood vom Gatterhölzl

Das Gatterhölzl war ein verrufenes *Gretzl* (Viertel) in Meidling. Im Mittelalter hatte die Bande des Hans Auffschring hier für Schrecken gesorgt. 1919 machte Johann »Schani« Breitwieser die Gegend unsicher. Da er aus üblen Verhältnissen stammte, hatte er ein Herz für die Armen. 1881 geboren, wurde er bereits mit 15 Jahren zu einem professionellen Einbrecher, einem *Bärenreißer* (Tresorknacker), der sein kriminelles Handwerk in der »Bruderschaft der schwarzen Larve« erlernte. Mit den Jahren verfeinerte der technisch begabte Schani seine Einbruchsmethoden. Einen Teil der jeweiligen Beute verschenkte er an Arme. Doch er verstieß gegen einen Ehrenkodex der Einbrecher. Schani war immer bewaffnet und zögerte nicht, von seiner Waffe Gebrauch zu machen. Er galt als unberechenbar und extrem gefährlich. Mehrmals war er inhaftiert, und ebenso oft konnte er ausbrechen. Die »Breitwieser-Bande« verschaffte der Polizei enorme Arbeit.

Sein größter Coup gelang ihm 1919 in der Patronenfabrik Hirtenberg, wo er eine halbe Million Goldkronen erbeutete. In St. Andrä-Wördern hatte er in seinem Unterschlupf eine Werkstätte eingerichtet, wo er an Einbruchsmethoden tüftelte. Der Einbruch in Hirtenberg wurde Schani zum Verhängnis. Die Polizei war ihm längst auf der Spur, doch er fühlte sich sicher. Im Keller seines Hauses hatte er Sauerstoffflaschen deponiert, die er im Falle eines Angriffs zur Explosion bringen wollte. Ahnungslos verließ Schani am 1. Juni 1919 sein Haus, das umstellt war. Sofort schoss er, wurde von mehreren Kugeln getroffen.

Sein Begräbnis wurde zu einem Massenauflauf, sensationsgierig, wie die Wiener sind. 20.000 bis 40.000 Personen erwiesen ihm die letzte Ehre auf dem Meidlinger Friedhof. Angeblich verübten die *Bärenreißer* aus Pietät eine Woche lang keinen Einbruch. Die »Methode Breitwieser« wurde noch viele Jahre später von Einbrechern angewandt.

Adresse 12. Bezirk, Gatterhölzl; Friedhof Meidling, 12. Bezirk, Haidackergasse 6 | ÖPNV U 4, Station Meidlinger Hauptstraße, dann Bus 63A, Station Gatterhölzl; U 4, Station Längenfeldgasse, dann U 6, Station Meidling

101 Aus und vorbei

Jedes Mal ein Volksfest

Hinrichtungen waren immer ein besonderes Schauspiel. Ein Volksfest mit Würsteln und Bier, Gelächter und Gejohle, wenn für die Delinquenten die letzte Stunde schlug. Bis heute hat sich am Wienerberg die »Spinnerin am Kreuz« erhalten, eine sagenumwobene gotische Freiplastik. Bereits 1446 war an dieser Stelle ein Steinkreuz. Der Wienerberg ist eine der ältesten Hinrichtungsstätten, wurde bereits 1311 erwähnt, bestand aber schon wesentlich früher.

Vermutlich war der Galgen gegenüber diesem Wahrzeichen aufgestellt. Neben dem Galgen ein Räderkreuz, eine besonders barbarische Hinrichtungsart. Scheiterhaufen wurden an diesem Ort aufgeschichtet. Bei Ausgrabungen 1927 fanden sich zahlreiche Skelette von Gehenkten. Kaiserin Maria Theresia veranlasste 1747, dass künftige Todesstrafen am Rabenstein (Türkenstraße 25/Schlickgasse 1) vollzogen wurden. Ihre Majestät konnte den Anblick des Galgens nichts länger ertragen, wenn sie von Schloss Laxenburg nach Wien fuhr. 1805 war es der Rossauer Bevölkerung zu viel, ständig mit Hinrichtungen konfrontiert zu werden. Künftige Todesstrafen fanden wieder bei der Spinnerin am Kreuz statt. Der Witwenmörder Anton Luger hatte die zweifelhafte Ehre, am 16. Mai 1805 als Erster öffentlich gehenkt zu werden.

Ab 1850 wurden öffentliche Hinrichtungen ausschließlich am Wienerberg vollzogen. Als Letzter baumelte der Raubmörder Georg Ratkay am 30. Mai 1868 am Galgen. Bereits in der Nacht davor lagerten die ersten Gaffer, um sich die besten Plätze zu sichern. In den Morgenstunden strömten Tausende hinzu, um sich an seinem Todeskampf zu ergötzen. Sämtliche Delinquenten verrichteten ihr letztes Gebet in der Matzleindorfer Linienkapelle am heutigen Matzleinsdorfer Platz. Heute ist nichts mehr von alldem übrig. Auf dem stark frequentierten Platz weiß niemand mehr, dass einst die Totgeweihten hier ihren letzten Weg zum Galgen am Wienerberg antraten.

Adresse Spinnerin am Kreuz, 10. Bezirk, Triester Straße 54 | ÖPNV U1, Station Karlsplatz, dann Straßenbahn 1, Station Windtenstraße

102 Zum Glück nicht ich

Gevatter Hein ins Auge blicken

Wien verfügte über zahlreiche Orte, an denen die Todesstrafe vollzogen wurde – mit unterschiedlichen Vollstreckungsmethoden.

Am Tabor im heutigen 2. Bezirk, bei der alten Brücke, wurden die Verurteilten in der Donau ertränkt. Auf der Gänseweide loderten die Scheiterhaufen. 1421, während der Geserah, wurden Juden verbrannt, 1583 starb Elisabeth Plainacher im einzigen Wiener Hexenprozess in den Flammen. Kaiser Karl VI. schaffte diese grauenvolle Todesart 1733 ab. Am Hof (1. Bezirk) wurden das Köpfen und das Vierteilen vollzogen. Am Schweinemarkt (heute Lobkowitzplatz) trennte das Richtschwert den Kopf vom Rumpf. Auch Erhängen wurde praktiziert. Und überall Massen, die von den Grausamkeiten nicht genug bekamen.

1601 und 1640 diente der Graben (1. Bezirk), 1671 die Ratsstube im Alten Rathaus (1. Bezirk, Wipplingerstraße) als Hinrichtungsstätte. Während der Türkenbelagerungen 1529 und 1683 standen überall Galgen zur Abschreckung und für Vollstreckungen bereit. Nach der Revolution 1848 fanden standrechtliche Erschießungen im Stadtgraben statt, der sich rund um die Stadtmauer zog. Die Mörder des gelynchten Kriegsministers Graf Latour wurden 1849 auf dem Glacis, dem heutigen Schottentor, erschossen. Die Liquidierung von militärischem Personal geschah auf der Rossweide, der heutigen Erdberger Lände im 3. Bezirk. Eine militärische Hinrichtungsstätte befand sich seit 1747 am Getreidemarkt im 1. Bezirk.

Nach dem Bau des Landesgerichtsgebäudes (Grauen Hauses) wurde hier die Todesstrafe vollzogen. Am 16. Dezember 1876 legte der Henker als erstem Delinquenten dem Raubmörder Enrico Francesconi die Schlinge um den Hals. Ab 1873 durften die Hinrichtungen, die im Galgenhof passierten, nicht mehr öffentlich durchgeführt werden. Unter den Nazis stand in diesem Hof das Fallbeil. Widerstandskämpfer wurden auch auf militärischen Schießstätten erschossen.

Adresse ehemalige Gänseweide, 3. Bezirk, Krieglergasse | **ÖPNV** U 1, Station Schwedenplatz, dann Straßenbahn 1, Station Radetzkyplatz; oder Straßenbahn O, Station Radetzkyplatz

103_Keine Gnade

Die letzte Hinrichtung in der Monarchie

Anton Senekl (Schenekl, Schönekl) kam 1874 in Mähren zur Welt. 1892 erlernte er in Wien den Beruf des Messerschmieds. 1900 geriet er auf die schiefe Bahn, landete wegen Diebstahls im Kerker. Sechs Monate später erneut, wieder wegen Diebstahls. In Ratibor (heutiges Polen) wurde er wegen Einbruchs gefasst, flüchtete und kehrte nach Wien zurück. Senekl versteckte sich bei seiner Geliebten.

1902 schlich er sich in die Wohnung einer 81-jährigen Trafikantin in der Grimmgasse. Für einen Moment stand die Wohnungstür offen, weil die Bedienerin Wasser auf dem *Gang* (Flur) von der *Bassena* (Wasserbecken) holte. Das nützte Senekl, da er wusste, dass die alte Frau alleinstehend war und ihre Tageseinnahmen zu Hause aufbewahrte. Er versteckte sich unter ihrem Bett. Als sie eingeschlafen war, durchsuchte er die Wohnung und die angrenzende Trafik. Die Frau erwachte, und Senekl erstach sie mit einem Hirschfänger. Mit Geld, Schmuck, Losen und anderen Wertsachen flüchtete er durch das Fenster.

Tage später entdeckte ein Sicherheitswachemann einen Mann auf dem »Selbstmörderbankl« im Prater, ohne zu wissen, dass er den gesuchten Raubmörder Senekl vor sich hatte. Diese Bank hieß so, weil viele, die darauf saßen, danach aus dem Leben schieden. In Schnitzlers »Leutnant Gustl« wurde ihr ein literarisches Denkmal gesetzt.

Der Polizist sprach ihn an, Senekl wehrte sich. Mit Hilfe zweier Kollegen konnte der Mann abgeführt werden. Man fand bei Senekl einen Teil der Beute. Er stritt alles ab, ein Schuhabdruck überführte ihn. Die Anklage lautete meuchlerischer Raubmord, Diebstahl, öffentliche Gewalttätigkeit und andere Gesetzesübertretungen. Während des Prozesses tobte Senekl im Gerichtssaal und wurde in Ketten gelegt. Das Urteil: Tod durch den Strang. Senekls Gnadengesuch lehnte Kaiser Franz Joseph I. ab. Die Hinrichtung erfolgte am 24. April 1903. Seine Leiche wurde am Zentralfriedhof verscharrt.

Adresse 15. Bezirk, Grimmgasse | **ÖPNV** U 3, Station Westbahnhof, dann Straßenbahn 52, Station Rustengasse; oder U 4, Station Längenfeldgasse

104 Der Betrug (1)

Gib den Versicherungen Saures

Ihr Leben wäre wahrscheinlich anders verlaufen, wenn ihre unersättliche Gier ihr nicht im Weg gestanden hätte. Karoline Löwenstein betörte einen älteren Gönner, der ihr schließlich seine Villa und reichlich Bares vererbte. Nur zwei Monate nach seinem Tod heiratete sie den Studenten Emil Marek und wurde zu Martha Marek. Binnen zwei Jahren war das Erbe verjubelt. Geld musste her. Ihr Ehemann machte bei dem Versicherungsbetrug mit. Im Juni 1925 krachte das Beil nicht ins Holzscheit, sondern in sein Bein. Glücklicherweise hatte Martha eine hohe Lebens- und Unfallversicherung abgeschlossen. Doch die Versicherung spielte nicht mit, und Martha klagte. Ihrerseits zog die Versicherung wegen Betrugs vor Gericht. Obwohl Gutachter bewiesen, dass es Selbstverstümmelung war, wurde sie freigesprochen. Die Wiener standen hinter ihr, freuten sich, dass die Versicherung verloren hatte. Schließlich kam ein Vergleich zustande, und Martha erhielt fast die gesamte Summe. Lediglich wegen Verleumdung und versuchter Bestechung der Gutachter wurde sie zu einer geringen Haftstrafe verurteilt.

1927 lernte Martha in der Haft die Giftmörderin Leopoldine Lichtenstein kennen, die mit *Zelio*-Paste, einem Rattengift, ihren Gatten gemeuchelt hatte. Nach Marthas Entlassung war das Geld der Versicherung rasch verpulvert. Traurig, dass plötzlich ihr Mann Emil und Tochter Ingeborg starben. Doch das goldene Wienerherz spendete reichlich. Eine entfernte Verwandte, Susanne Löwenstein, setzte Martha als Universalerbin ein. Sonnenklar, dass die Dame kurz danach verschied. Martha lebte auf großem Fuß, und bald war sämtliches Geld wieder futsch. Daher wurde Theresia Kittenberger als Untermieterin aufgenommen, um den Zins für die Riesenwohnung bezahlen zu können.

Auf Marthas Drängen schloss die Frau eine Lebensversicherung ab und – erraten – verstarb plötzlich. Natürlich war Martha die Nutznießerin.

Adresse Landesgericht I (Galgenhof nicht öffentlich zugänglich), 8. Bezirk, Landesgerichtsstraße 9a–11 | **ÖPNV** Straßenbahn 2, Station Rathausplatz

105 Es gibt einen Haken (2)

Rattengift ist keine Lösung

Martha Marek hatte nicht damit gerechnet, dass sich der Sohn ihrer so plötzlich dahingeschiedenen Untermieterin Theresia Kittenberger mit dem Tod seiner Mutter nicht abfinden wollte. Er erstattete Strafanzeige gegen Martha und beantragte eine Exhumierung. Tatsächlich war Kittenberger mit dem Rattengift *Zelio* vergiftet worden. Nun läuteten auch bei den Kriminalbeamten sämtliche Alarmglocken. Die weiteren Untersuchungen zogen sich von 1936 bis 1938. Doch es lohnte sich. Weitere Exhumierungen folgten. Marthas fünf Jahre jüngerer Mann Emil, Tochter Ingeborg und die entfernte Verwandte Susanne Löwenstein wurden wieder ausgebuddelt. Die Gerichtsmediziner und Chemiker konnten bei allen sterblichen Überresten *Zelio* feststellen. Ihren Mann und das Kind hatte Martha um die Ecke gebracht, weil sie wieder frei sein wollte. Löwenstein und Kittenberger mussten wegen reiner Habgier dran glauben.

Im Frühjahr 1938 saß Martha Marek auf der Anklagebank und erwies sich als glänzende Schauspielerin. Sie täuschte hysterische Anfälle vor, simulierte gekonnt Zusammenbrüche. Natürlich steckte Kalkül dahinter. Seit 1900 war es in Österreich zu keiner Hinrichtung an einer Frau mehr gekommen. Der Kaiser und später der Bundespräsident der 1. Republik konnten das Gnadenrecht walten lassen. Wieder hatte sich Martha Marek schwer verschätzt. Seit März 1938 wehte ein äußerst scharfer und gefährlicher Wind in der Ostmark, dem annektierten ehemaligen Österreich. Im September 1938 wurde aus der Strafanstalt Berlin-Tegel das *Gerät F.* nach Wien transportiert. Am 6. Dezember 1938 kam es erstmals im Hof des Landesgerichts zum Einsatz. Der Führer Adolf Hitler ignorierte Martha Mareks Gnadengesuch. Scharfrichter Johann Reichardt betätigte als Erster in der Ostmark den Hebel, und das scharfe Fallbeil durchtrennte Martha Mareks Hals. Bis 1945 lagen viele Köpfe unter dieser Guillotine.

Adresse 13. Bezirk, Kupelwiesergasse 27 | **ÖPNV** Straßenbahn 10, 49, 52, 60, Station Gloriettegasse

106 A schöne Leich (1)

Keine Spur von Trauer

Dem Wiener wird ein besonderes Verhältnis zum Tod nachgesagt. Das spiegelt sich in den Texten der Lieder beim Heurigen (Weinlokal) wieder. Auf eine »schöne Leich« wird größter Wert gelegt. Der Trauerzug, der sich im Juli 1881 vom Schloss Cobenzl Richtung Grinzinger Friedhof bewegte, stellte alles in den Schatten, was die Wiener je an Trauerfeierlichkeiten gesehen hatten. Ein prunkvoller Kondukt, mehr als ebenbürtig für jeden Adeligen. Nur die engsten Verwandten folgten dem Sarg. Sonst vergoss niemand eine Träne. Es war ein pietätloses Spektakel. Gegröle, Gelächter, der Gesang von Spottliedern. An die 20.000 Menschen in bester Stimmung. Alle waren froh, dass »der da im Sarg« sich endlich *die Erdäpfel* (Kartoffeln) *von unten ansah*. Der Leichenzug wurde mit Unrat und Steinen beworfen. Mehrmals wollte man den Sarg vom Wagen reißen. Die Polizei hatte alle Hände voll zu tun. Dabei handelte es sich bei dem Toten um ein Mordopfer. Doch jeder vergönnte dem Herrn von Schloss Cobenzl, Baron Johann Karl von Sothen, diesen gewaltsamen Abgang.

Sothen war einer der reichsten Bürger von Wien, besaß sein eigenes Bankhaus am Graben 13. Von Geburt an ein Bürgerlicher aus ärmsten Verhältnissen, begann er als kleiner Lotteriebetreiber in einer Trafik im Palais Collalto (Am Hof 13). Umtriebig erfand Sothen ständig neue Spiele, um Geld zu verdienen. Mit dem *Promessenspiel* gelang ihm endlich der ganz große Wurf. Bald brachte es ihm monatlich die unvorstellbare Summe von 20.000 Gulden ein. Der extrem geltungssüchtige und auf gesellschaftlichen Status bedachte Sothen kaufte 1855 das Gut am Cobenzl mitsamt Schloss – um 130.000 Gulden. Doch ein Schlossherr ohne Adelstitel ging gar nicht. Ein sächsischer Großherzog verschaffte Sothen gegen reichlich Bares den ersehnten Titel. Als Draufgabe erwarb der frischgebackene Baron die Unionsbank und einverleibte sie seinem eigenen Bankhaus.

Adresse ehemaliges Schloss Cobenzl, 19. Bezirk, Am Cobenzl 96; Palais Collalto, 1. Bezirk, Am Hof 13 | ÖPNV U 4, Station Heiligenstadt, dann Bus 38A, Station Cobenzl Parkplatz; oder U 2, Station Schottentor, dann Straßenbahn 38, Station Grinzing, Bus 38A, Station Cobenzl Parkplatz; Palais Collalto: U 1 Station Stephansplatz, dann über Graben, Tuchlauben, Bognergasse bis Am Hof

107 Der Leuteschinder (2)

Die gerechte Strafe

Geiz und Gier machten Baron Sothen unbeliebt. Sein Personal behandelte er wie Leibeigene, er bezahlte widerwillig Mindestlöhne, regierte tyrannisch. Am 10. Juli 1881 ereilte Baron Sothen das Schicksal. Er setzte seinen Förster Eduard Hittler (Hiedler, Hüttler, Hietler) vor die Tür. Ständig spionierte der paranoide Baron seinen Leuten hinterher. Hittler lebte im Konkubinat mit einer Frau und war Vater von fünf unehelichen Kindern. Für Sothen der Gipfel der Sittenlosigkeit! Schließlich hatte er eine kirchliche Stiftung gegründet. Mit diesem Geld sollte 15.000 Jahre lang eine Messe für ihn gelesen werden. Der Förster samt unehelicher Familie war plötzlich ohne Dach über dem Kopf und ohne Arbeit. Vor der Tür eines Stalls auf Schloss Cobenzl erschoss er seinen ehemaligen Dienstgeber. Zuerst flüchtete der Mörder, stellte sich jedoch später der Polizei. Von Beginn an stand die Presse hinter Hittler. Eine Spendenaktion startete, es kam eine beträchtliche Summe zusammen. Trotzdem erhielt er das Todesurteil. Als Kaiser Franz Joseph I. über die Hintergründe informiert wurde, begnadigte er den Förster. Er kam mit zwölf Jahren Kerker davon.

Die Wiener Gesellschaft atmete auf. Endlich war sie diesen Emporkömmling los, der sich stets in ihre erlauchten Kreise gedrängt hatte. Sothen wurde in seiner Sisi-Kapelle, die er erbaut hatte, um sich beim Kaiser einzuschmeicheln, beigesetzt. Später fand auch Sothens Frau Franziska dort ihre letzte Ruhe. An dem Mausoleum soll sich folgende Inschrift befunden haben: *»Hier in dieser schönen Gruft, liegt der allergrößte Schuft. Zeigts kein Sechserl* (Münze) *runter, sonst wird er wieder munter.«*

Im Zweiten Weltkrieg wurde die Kapelle schwer beschädigt, stand knapp vor der endgültigen Demolierung. Während einer Renovierung 2002 fand man die Särge. Die Leichen wurden exhumiert und am 4. November 2003 an der linken Kapellenfront neuerlich beigesetzt.

Adresse Sisi-Kapelle, 19. Bezirk, Am Himmel, Himmelstraße 125 | **ÖPNV** U 4, Station Heiligenstadt, dann Bus 38A, Station Cobenzl Parkplatz, Fußweg ausgeschildert; U 4, Station Heiligenstadt, Bus 39A, Sievering; oder Straßenbahn D, Station Grinzinger Straße, Bus 38A, Station Cobenzl Parkplatz

108 Per Post

Mit ein paar Mausklicks

Obwohl der Karlsplatz und die gleichnamige Passage seit Jahren drogenfrei sind, verschwanden deshalb nicht die Drogen. Das Problem hat sich nur verlagert. Nun hält sich die Szene rund um die U-Bahn-Stationen der Linie 6 Josefstädter Straße und Gumpendorferstraße auf. Allerdings treiben sich dort nur die meist obdachlosen, völlig Abgestürzten herum. Das klingt bedrohlich, ist aber keineswegs mit den Drogenszenen in Frankfurt oder im Stadtteil St. Georg oder rund um die Reeperbahn in Hamburg zu vergleichen.

Heute braucht der Drogenabhängige nicht mehr den Dealer auf der Straße. Heute sitzt er vor seinem PC und ordert seinen Bedarf über das Darknet per Post. Inzwischen sind die Behörden mit dem Netz hinter dem Netz vertraut. Amphetamine herzustellen ist längst keine große Sache mehr.

Im Darknet gibt es ausreichend Anleitungen und die nötigen Chemikalien zu kaufen. Für die Polizei sind es nur punktuelle Siege, wenn sie Käufer und Dealer ausforschen kann. Wer es sich leisten kann und Koks braucht, besorgt es sich in nahezu jedem Club. Heroin ist seit längerer Zeit im Rückgang. Dafür wird Cannabis offiziell sehr forciert. Shops schießen wie Pilze aus dem Boden, selbst Automaten stehen bereits herum. Bei Zigaretten und Alkohol weiterhin der große Aufschrei.

Ein Problem sind die *Streetrunner*. Männer aus Nigeria, Ghana und anderen Staaten, die im Mund Kokainkügelchen transportieren, die in Plastik eingeschweißt sind. Koks ist dabei der geringste Anteil. Bei einer Kontrolle wird die Ware ausgespuckt oder verschluckt, was lebensgefährlich sein kann. Der Kunde spricht den Vermittler an, der nichts bei sich hat. Der telefoniert, und in einer konspirativen Wohnung werden die Kügelchen hergestellt. Ein Streetrunner übergibt die Ware. Eine Sisyphusarbeit für die EGS (Einsatzgruppe für die Bekämpfung der Straßenkriminalität).

Ein Katz- und Mausspiel.

Adresse U 6, Stationen Josefstädter Straße und Gumpendorfer Straße

109_Virtueller Strich

Sex aus dem Internet

Der Zuhälter ist eine aussterbende Spezies. Nur Sexarbeiterinnen – so die offizielle Bezeichnung– aus dem ehemaligen Ostblock, vorwiegend aus Rumänien, Moldawien und anderen osteuropäischen Staaten, werden noch »beschützt«. Der Straßenstrich ist längst tot.

Durch eine neue Gesetzeslage wird die Prostitution an den Stadtrand gedrängt, wie auf der Triesterstraße. Vorbei die Zeiten, in denen ab 21 Uhr am Gürtel oder in der Prater-Gegend leicht bekleidete Frauen mitunter für Auffahrunfälle sorgten. Die Stadtverwaltung versalzte dem Rotlicht gehörig die Suppe. Ein Ausweg: Laufhäuser. Im Vergleich zu den Laufhäusern im Frankfurter Bahnhofsviertel, auf der Reeperbahn in Hamburg oder im Steintorviertel in Hannover sind die in Wien lächerlich. Einer der Betreiber ist Peter L., ein ehemaliger Gefolgsmann der Unterweltgröße Harald H.

Dafür nimmt die illegale Prostitution in Wohnungen zu. Abertausende einschlägige Seiten im World Wide Web locken. Cybersex mit Webcams braucht keinen Freierkontakt und ist die sicherste Art, mit seinem Körper Geld zu verdienen. Natürlich gibt es versteckte Schmuddelpuffs in allen 23 Wiener Bezirken, und nicht einmal das Rotlicht traut sich mehr, so recht zu leuchten. Viele arbeiten ohne *Deckel* (Kontrollkarte). Kommt es zu einer Razzia, dann hagelt es Verwaltungsstrafen, und die Freier bekommen massive Probleme, nicht nur zu Hause. Auch die Gürtel-Puffs sind weiterhin in Betrieb, doch das Geschäft ist eher mau. Das war bereits vor Corona der Fall. Ehemalige Zuhälter wie Alfred H. alias Cadillac-Freddy trauern den vergangenen Zeiten nach.

In den Abgesang stimmen ehemalige Bordellbetreiber nobler Etablissements mit ein. Das »Cabaret Renz« in der Zirkusgasse, das »Maxim« am Opernring oder das »Moulin Rouge« in der Walfischgasse existieren nicht mehr. Eigentlich schade, ein bisschen Verruchtheit braucht Wien.

110 Die neue Unterwelt

Allah als Pate

In Wien hat sich längst eine religiös motivierte Parallelwelt im Untergrund mit dem Koran als Leitfibel etabliert. In Moscheevereinen und illegalen Moscheen hetzen Hassprediger gegen die Ungläubigen, rufen zum Dschihad auf. *Daesh*, der IS, mag zwar als »Staat« zerschlagen sein, doch die Kämpfer geben nicht auf und finden weiterhin Zulauf. Jüngstes Beispiel ist der Anschlag eines verblendeten Terroristen am 2. November 2020 mit vier Todesopfern und mehr als 20 Schwerverletzten im sogenannten »Bermudadreieck«.

Das letzte Attentat, in diesem Fall mit politischem Hintergrund, liegt lange zurück. Am 1. Mai 1981 wurde der SPÖ-Stadtrat Heinz Nittel vor seinem Wohnhaus in Hietzing erschossen. Der Präsident der Österreich-Israelischen Gesellschaft und Mitbegründer des Jewish Welcome Service war das erklärte Ziel der Abu-Nidal-Organisation. Attentäter Hesham Mohammed Rajeh und Auftraggeber Bahij Younis konnten gefasst werden. Hotspots der Islamisten sind Favoriten, Ottakring, Rudolfsheim-Fünfhaus, Bezirke mit hohem Ausländeranteil. Reumannplatz, Thaliastraße und die Umgebung des Brunnenmarktes sind Gegenden, wo sich Leute mit islamischem Hintergrund tummeln.

Die rechtsradikalen türkischen »Grauen Wölfe« sind ebenso vertreten wie die »Osmanen Germania«, eine türkische Rockergang, die 2016 eine »Filiale« nahe dem Arthaberplatz in Favoriten eröffnete. Sie bezeichnen sich als »Gotteskrieger« und »Straßen-Hooligans«. Ihr Boss, der Deutsch-Türke Mehmet Bağci, sagte selbst: »Wir wollen nicht die Normalen bei uns haben, sondern die Kaputten.« Jeder Kommentar erübrigt sich. Selbstverständlich hat der Verfassungsschutz längst ein Auge auf diese Gruppierungen geworfen. Im Gegensatz zu Deutschland haben sich arabische Clans mit mehreren tausend Angehörigen wie Miri, Remmo oder Abou Chaker noch nicht in Wien etabliert. Doch hier geschieht vieles mit Verzögerung.

Adresse Mahnmal für die Terroropfer, 1. Bezirk, Bermudadreieck: Rabenstein, Schwedenplatz, Ruprechtsstiege, Ruprechtsplatz, Judengasse, Seitenstettengasse | **ÖPNV** U 1, U 4, Station Schwedenplatz, dann Straßenbahn 1, 2

111 Schlapphüte

Eine neugierige Gesellschaft

Neben der kriminellen Unterwelt und der religiös motivierten Parallelwelt existiert die Welt der Geheimdienste. Mit Ende des Kalten Krieges änderte sich daran kaum etwas. Die Schlapphüte sind geblieben, agieren nur unter anderen Namen. Ob ein neuer Kalter Krieg wegen der Ukraine ausbrechen wird, kann derzeit nicht eingeschätzt werden. Russische Spione dienen nicht mehr dem KGB, sondern dem FSB (Inlandsgeheimdienst) und dem SWR (Auslandsgeheimdienst). Zu KGB-Zeiten lebten Russen in einem abgeschotteten Wohnbau im 22. Bezirk, in unmittelbarer Nähe zur UNO-City.

Die USA sind mit CIA und NSA vertreten. Die NSA logierte in einer Villa in der Pötzleinsdorfer Straße 126–128. Nachdem ruchbar geworden war, was hinter den Mauern tatsächlich passierte, packten die Agenten ihr Equipment und zogen aus. In den 22. Bezirk, in die Wagramer Straße, auf das Dach des IZD-Towers in Sichtweite zur UNO-City. Natürlich lauscht die CIA im Dachgeschoss der abgeschotteten amerikanischen Botschaft in der Boltzmanngasse.

Natürlich tummelt sich der MIT, der türkische Geheimdienst, in Wien. Wer weiß, ob der Kebab-Stand nicht nur Tarnung und der Betreiber nicht einer von Erdoğans Lauschern ist. Sämtliche arabische Geheimdienste haben ihre Agenten in Wien stationiert. Die Chinesen sind mit zahlreichen Tarnorganisationen präsent, mit etlichen österreichischen Mitgliedern.

»Büro 121« lautet der Codename für den nordkoreanischen Geheimdienst. Bis vor wenigen Jahren betrieb diese Diktatur die »Golden Star Bank« in der Kaiserstraße. Niemand kann sagen, wie viele Trolle die Russen von ihren Trollfabriken in die heimischen Computernetzwerke ausgesendet haben oder laufend schicken. Ebenso wenig ist bekannt, wie intensiv chinesische und nordkoreanische Hacker sich bereits in den PCs von österreichischen Firmen, Konzernen und Institutionen breitgemacht haben. Trotzdem, Wien ist und bleibt eine lebenswerte Stadt.

Adresse IZD-Tower, 22. Bezirk, Wagramer Straße 19 | ÖPNV U 1, Station Alte Donau

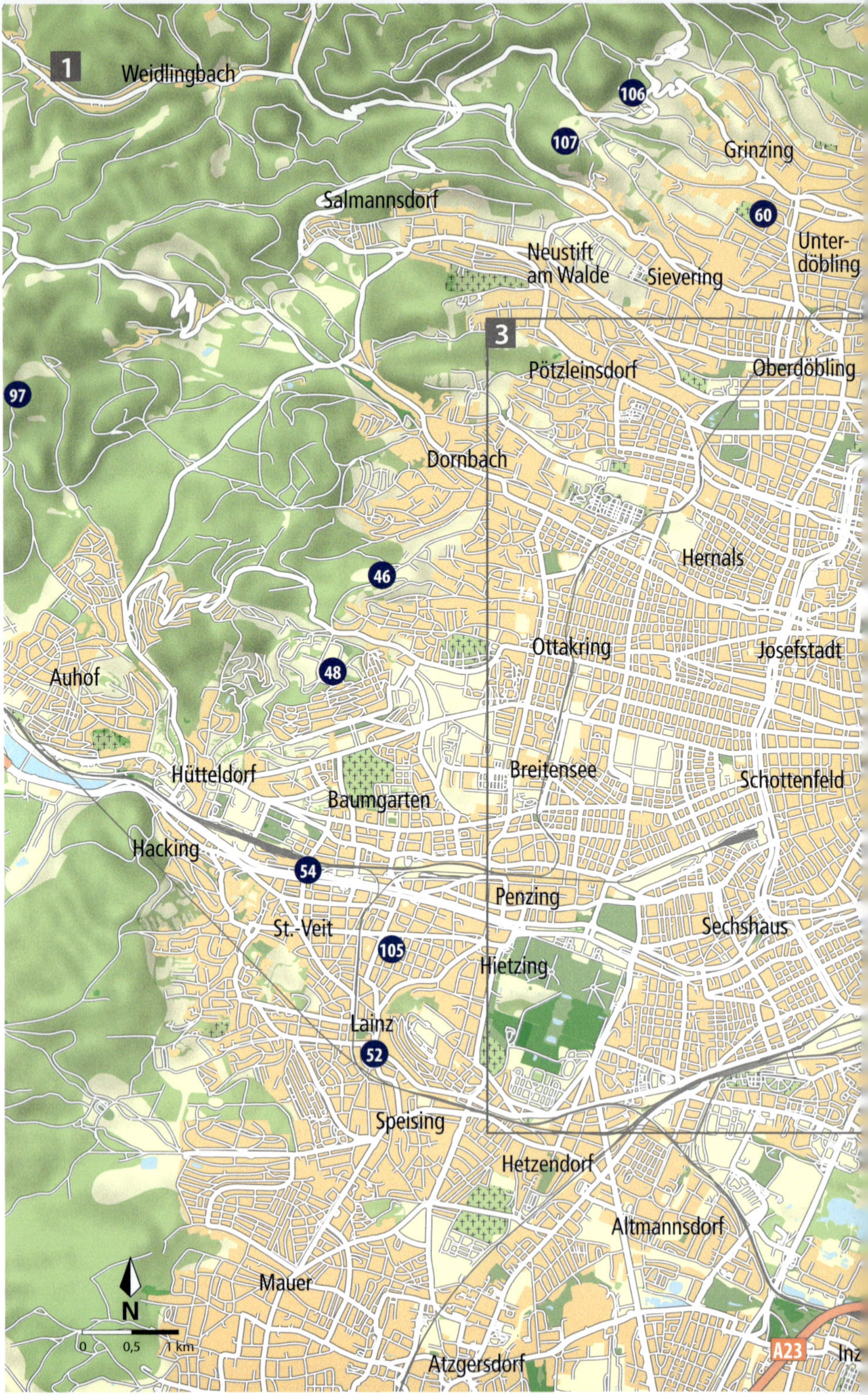

1
Weidlingbach
106
107
Grinzing
Salmannsdorf
60
Neustift am Walde
Sievering
Unter-döbling
3
Pötzleinsdorf
Oberdöbling
97
Dornbach
Hernals
46
Ottakring
Josefstadt
48
Auhof
Hütteldorf
Breitensee
Schottenfeld
Baumgarten
Hacking
54
Penzing
St.-Veit
Sechshaus
105
Hietzing
Lainz
52
Speising
Hetzendorf
Altmannsdorf
N
Mauer
0
0,5
1 km
A23
Atzgersdorf
Inz

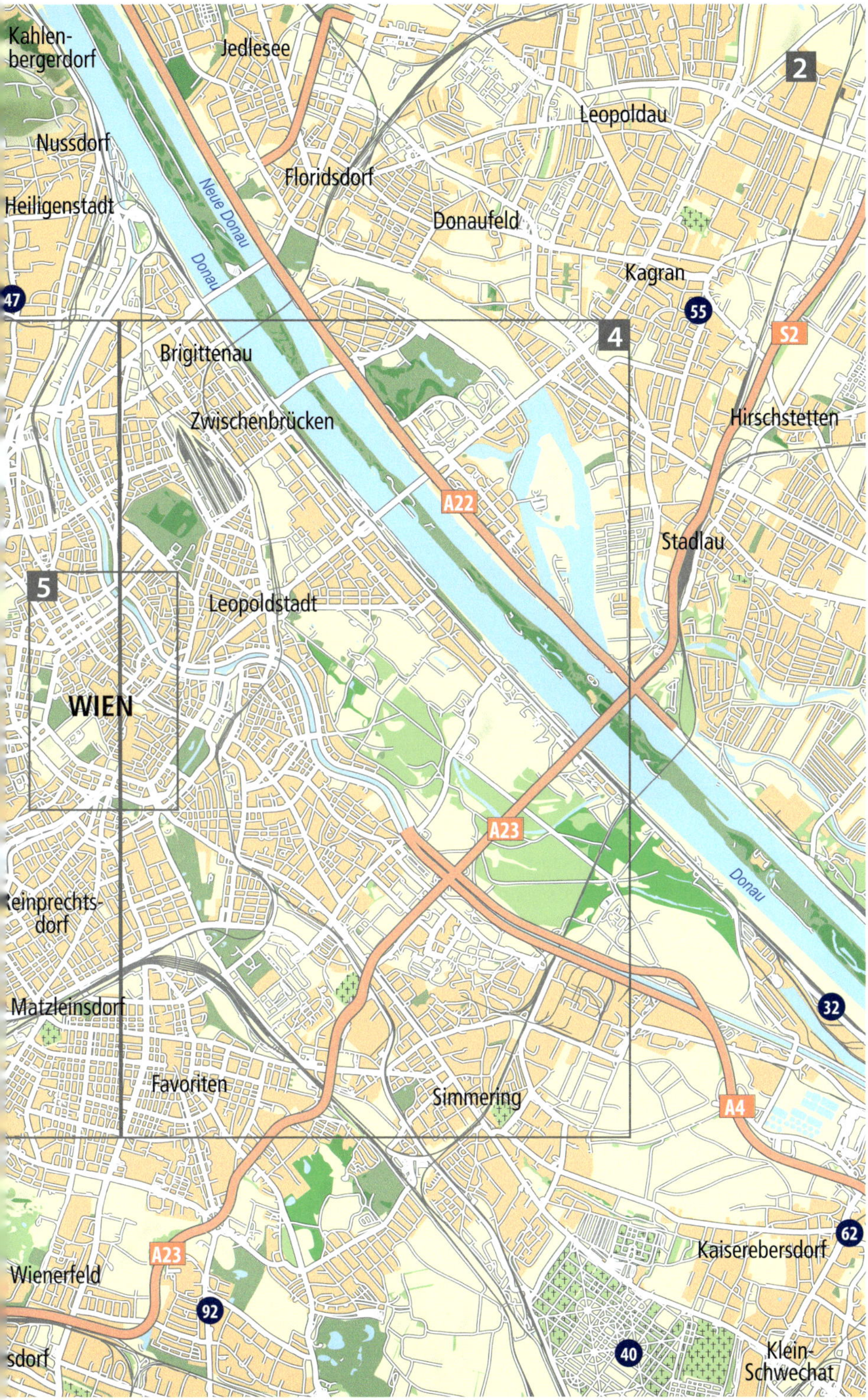

Kahlen-
bergerdorf
Jedlesee
2
Leopoldau
Nussdorf
Floridsdorf
Heiligenstadt
Neue Donau
Donaufeld
Donau
Kagran
47
55
4
S2
Brigittenau
Zwischenbrücken
Hirschstetten
A22
Stadlau
5
Leopoldstadt
WIEN
A23
Donau
Reinprechts-
dorf
Matzleinsdorf
32
Favoriten
Simmering
A4
Kaiserebersdorf
62
A23
Wienerfeld
92
40
Klein-
Schwechat
sdorf

3
5
57
98
OBERDÖBLING
PÖTZLEINSDORF
38
GERSTHOF
WÄHRING
82
Nußdorfer Str.
Donaukanal
LICHTENTAL
Währinger Straße
Alserbachstraße
MICHELBEUERN
51
Kreuzgasse
HERNALS
Währinger Gürtel
Währinger Straße
88
87
ROSSAU
74
56
76
BREITENFELD
OTTAKRING
Alser Straße
42
104
Ottakringer Straße
JOSEFSTADT
89
96
108
9
Universitätsring
Thaliastraße
Josefstädter Straße
NEULERCHENFELD
SANKT ULRICH
Koppstraße
91
Lerchenfelder Straße
90
WIEN
Gablenzgasse
Burggasse
63
BREITENSEE
72
SCHOTTENFELD
43
MARIAHILF
86
84
Neubaugürtel
MAGDALENENGRUND
53
83
Mariahilfer Straße
58
Gumpendorfer Straße
Rechte Wienzeile
66
WIEDEN
FÜNFHAUS
PENZING
80
RUDOLFSHEIM
103
78
85
39
REINPRECHTSDORF
79
Sechshauser Straße
Margaretengürtel
SECHSHAUS
MATZLEINSDORF
Wiedner Hauptstraße
Wiedner Gürtel
Margaretengürtel
50
45
44
64
Schlosspark Schönbrunn
GAUDENZDORF
MEIDLING
71
100
101

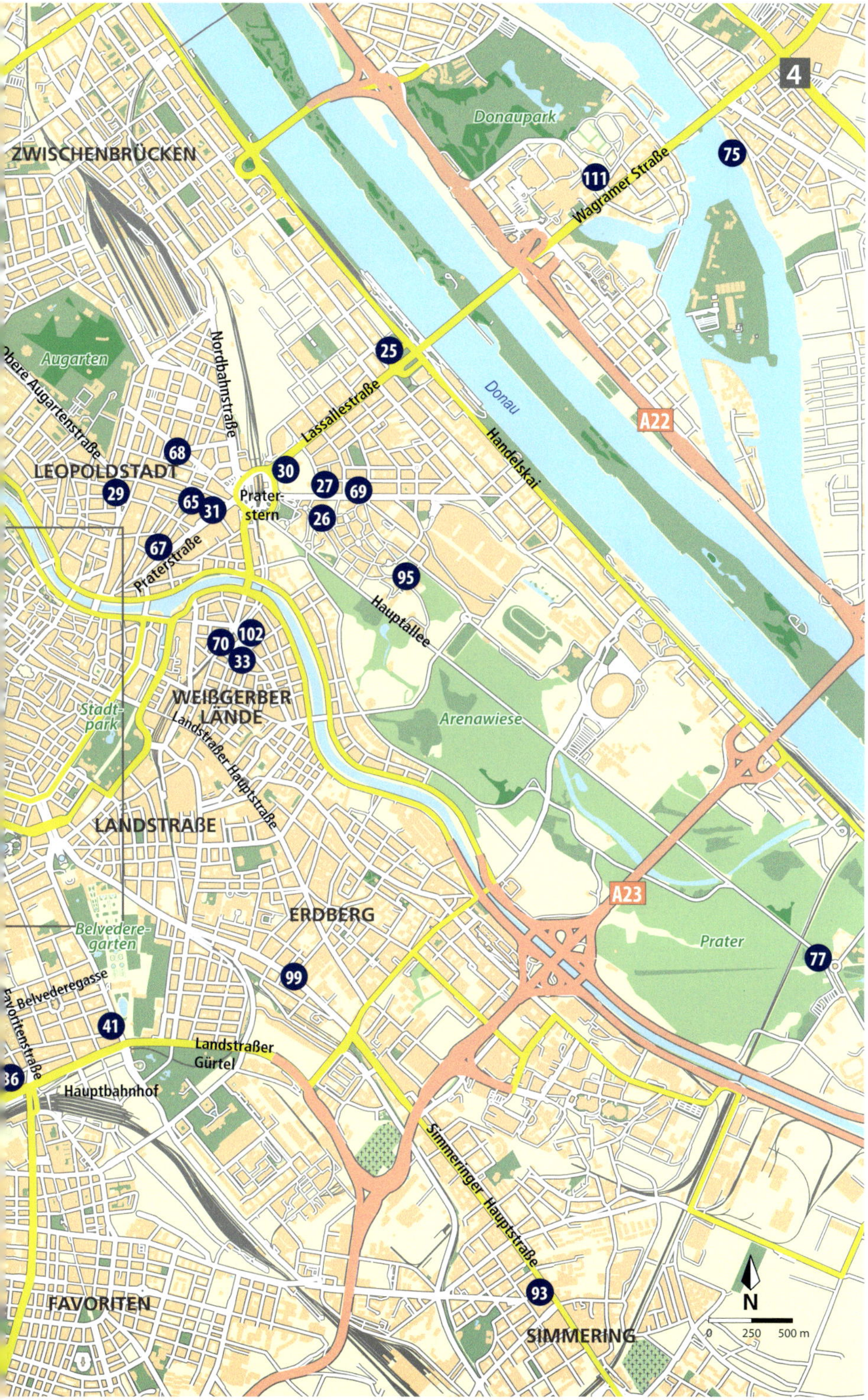
4
ZWISCHENBRÜCKEN
Donaupark
Wagramer Straße
Augarten
Obere Augartenstraße
Nordbahnstraße
Lassallestraße
Donau
Handelskai
A22
LEOPOLDSTADT
Prater-
stern
Praterstraße
Hauptallee
WEIßGERBER
LÄNDE
Landstraßer Hauptstraße
Stadt-
park
Arenawiese
LANDSTRAßE
A23
ERDBERG
Prater
Belvedere-
garten
Belvederegasse
Favoritenstraße
Landstraßer
Gürtel
Hauptbahnhof
Simmeringer Hauptstraße
FAVORITEN
SIMMERING
N
0
250
500 m
25
26
27
29
30
31
33
36
41
65
67
68
69
70
75
77
93
95
99
102
111

5
Schottenring
Börsegasse
Donaukanal
28
Schotten-
tor
2
49
Morzinplatz
Wipplingerstraße
21
110
22
Schweden-
platz
59
Am Hof
3
12
Tuchlauben
Fleischmarkt
16
Rotenturm-
straße
Herrengasse
7
Stephans-
platz
1
Graben
18
Wollzeile
Volks-
garten
Josefs-
platz
Dorotheer-
gasse
19
Singerstraße
Helden-
platz
15
17
4
Seilerstätte
Himmelpfortgasse
Parkring
5
14
6
24
13
20
Maria-
Theresien-
Platz
Burg-
garten
Albertina-
platz
8
Stadt-
park
Kärntner Straße
81
Schellinggasse
Hegelgasse
Opernring
11
Gumpendorfer Straße
35
23
Karlsplatz
Resselpark
Schwarzenberg-
platz
Linke Wienzeile
Rechte Wienzeile
10
N
0
50
100 m
37
Margareten-
straße
34

Peter Eickhoff
111 Orte in Wien, die man gesehen haben muss
ISBN 978-3-7408-1521-9

Sabine M. Gruber
111 Orte der Musik in Wien, die man erlebt haben muss
ISBN 978-3-7408-0348-3

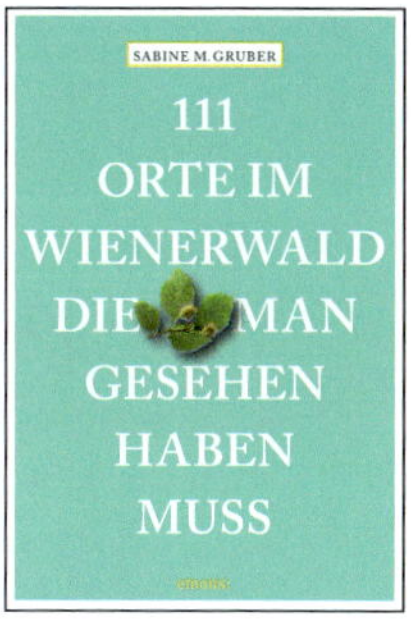

Sabine M. Gruber
111 Orte im Wienerwald, die man gesehen haben muss
ISBN 978-3-7408-0844-0

Sophie Reyer
111 Wiener Orte und ihre Legenden
ISBN 978-3-7408-1533-2

Sabine M. Gruber
111 Orte in den Wiener Alpen, die man gesehen haben muss
ISBN 978-3-7408-1213-3

Bernadette Németh
111 Orte für Kinder in Wien, die man gesehen haben muss
ISBN 978-3-7408-1732-9

Gerhard Hohlstein, Günther Pfeifer, Franziska Wohlmann-Pfeifer
111 Orte im Weinviertel, die man gesehen haben muss
ISBN 978-3-7408-0843-3

Georg Renöckl
111 Orte im Mostviertel, die man gesehen haben muss
ISBN 978-3-7408-1074-0

Georg Renöckl
111 Orte im Mühlviertel, die man gesehen haben muss
ISBN 978-3-7408-1431-1

Bibliografie

Richard Benda, Harald Seyrl, Mörderisches Wien. Ein Cityguide zur dunklen Seite Wiens, Wien-Scharnstein 1997.

Max Edelbacher, Harald Seyrl, Wiener Kriminalchronik, Wien 1993.

Ernst Geiger, Paul Yvon, Es gibt durchaus schöne Morde. Die spannendsten und skurrilsten Kriminalfälle der letzten 25 Jahre, Wien 2005.

Ernst Geiger, Heimweg. Die Geschichte der Favoritner Mädchenmorde, Wien 2021.

Robert Geher, Wiener Blut oder Die Ehre der Strizzis, Wien 1993.

Gabriele Hasmann, Sabine Wolfgang, Die wilde Wanda und andere gefährliche Frauen. Verbrecherinnen über die Jahrhunderte, Wien 2020.

Elisabeth Hewson, Heinz Jankowsky, Praterg'schicht'n. Von Verliebten, Verrückten und Vergnügten, Wien 2008.

Peter Stephan Jungk, Die Dunkelkammer der Edith Tudor-Hart. Geschichten eines Lebens, Frankfurt am Main 2015.

Wolfgang Kudrnofsky, Gassner, Gufler und Co. Kriminalfälle der Zweiten Republik, Wien 1991.

Wolfgang Kudrnofsky, Schandl, Schubirsch & Co. Kriminalfälle der Zweiten Republik, Wien 1994.

Valentin N. J. Landmann, Der Reiz des Verbrechens und der Halbwelt, Zürich 2007.

Susanne Mauthner-Weber, Venuswege. Ein erotischer Führer durch das alte Wien, Wien 1995.

Reinhard Pohanka, Räuber, Mörder, Kindsverderber. Eine Kriminalgeschichte Wiens, Wien 1991.

Peter Pokorny, Richard Steiner. Ein Mann der Ehre. Vom Rotlichtkönig zum Buddhisten, Darmstadt 2014.

Werner Sabitzer, Lexikon der inneren Sicherheit. Polizeiwissen kompakt, Wien 2008.

Kurt Tozzer, Günther Kallinger, Todesfalle Politik. Vom OPEC-Überfall bis zum Sekyra-Selbstmord, St. Pölten 1999.

Barbara Wolflingseder, Dunkle Geschichten aus dem Alten Wien, Wien 2012/13.

Günther Zäuner, Verbrechen zahlt sich aus. Über kriminelle Karrieren, Wien 2009.

Günther Zäuner, Unterösterreich. Alles über Österreichs Unterwelt, Salzburg 2009.

Günther Zäuner, Halbseidenes Wien. 23 Bezirkskrimis, Marchtrenk 2016.

Günther Zäuner, Halbseidenes historisches Wien. 23 Wiener Bezirkskrimis, Marchtrenk 2017.

Günther Zäuner, Wien. Dunkle Geschichten. Schön & Schaurig, Gudensberg 2019.

Günther Zäuner, Halbseidenes biedermeierliches Wien. 16 Krimis aus einer fälschlich verklärten Epoche, Marchtrenk 2020.

Günther Zäuner, Halbseidenes dunkles Wien. 12 Krimis aus der Zwischenkriegszeit, Marchtrenk 2021.

Weitere Quellen

Bundesministerium für Inneres (Hg.), 100 Jahre Kriminalbeamtenkorps in Österreich. Festschrift, Wien 1952.

Verschiedene Jahrgänge der »Wiener Geschichtsblätter«.

Verschiedene Artikel von Gerald Teufel; Artikel von Werner Sabitzer in der »Öffentlichen Sicherheit«

Günther Zäuner, geboren 1957 in Wien. Studium der Klassischen Philologie, Geschichte, Zeitgeschichte, musikalische Ausbildung. Heute ist er freier Schriftsteller, Drehbuchautor, Dokumentarfilmer und Journalist.

Manfred Burger, geboren in Wien. Er ist freiberuflicher Fotograf für sämtliche namhafte Medien in Österreich und Architekturfotograf.